CB029330

COMENTÁRIO SOBRE A "REPÚBLICA"

Coleção Textos

Dirigida por:

João Alexandre Barbosa (1937-2006)
Roberto Romano
Trajano Vieira
João Roberto Faria
J. Guinsburg

Equipe de realização – Edição de texto: Évia Yasumaru; Revisão: Luís Fernando dos Reis Pereira; Produção: Ricardo W. Neves, Sergio Kon, Luiz Henrique Soares e Elen Durando.

COMENTÁRIO SOBRE A "REPÚBLICA"

AVERRÓIS

A PARTIR DA VERSÃO LATINA DE ELIA DEL MEDIGO

ANNA LIA A. DE ALMEIDA PRADO
E ROSALIE HELENA DE SOUZA PEREIRA
TRADUÇÃO

ROSALIE HELENA DE SOUZA PEREIRA
ORGANIZAÇÃO, INTRODUÇÃO E NOTAS

CARLOS ARTHUR RIBEIRO DO NASCIMENTO
REVISÃO TÉCNICA

CIP-Brasil. Catalogação na Publicação
Sindicato Nacional dos Editores de Livros, RJ

A799C

Averróis, 1126-1198
Comentário sobre a 'República' / Averróis ; tradução Anna Lia A. de Almeida Prado , Rosalie Helena de Souza Pereira. - 1. ed. - São Paulo : Perspectiva, 2015.
192 p. : il. ; 21 cm. (Textos ; 30)

Tradução de: Parafrasi della 'Repubblica' Apêndice
Inclui bibliografia
ISBN 978-85-273-09912

1. Averróis, 1126-1198. 2. Platão, 427-347 a. C.. A Republica. 3. Filosofia árabe. 4. Filosofia islâmica. 5. Filosofia medieval. 6. Direito islamico. I. Título. II. Série.

14-14222 CDD: 181.92
CDU: 1

18/07/2014 23/07/2014

EDITORA PERSPECTIVA

Av. Brigadeiro Luís Antônio, 3025
01401-000 São Paulo SP Brasil
Telefax: (11) 3885-8388
www.editoraperspectiva.com.br

2015

SUMÁRIO

AGRADECIMENTOS

A Josep Puig, catedrático da Universidad Complutense de Madrid, por sua amizade e disponibilidade para solucionar pequenas e grandes dúvidas ao longo de todos esses anos em que me dediquei ao estudo do pensamento de Averróis.

Rosalie Helena de Souza Pereira

CRONOLOGIA: VIDA E OBRAS FILOSÓFICAS[1]

1126	Nasce Averróis [Abū al-Walīd Muḥammad b. Rushd (chamado Al-Ḥafīd para se distinguir do avô homônimo)]; morte do avô Abū al-Walīd Muḥammad b. Rushd, Al-Jidd.
1128-1130	Morte de Ibn Tūmart, fundador da dinastia almôada.
1138	Morte de Ibn Bājjah.
1140	Nasce Maimônides (Moisés b. Maymūn).

1 Parte dos dados aqui apresentados figuram na cronologia da vida e obra de Averróis in: Cruz Hernández, M. *Abū-l-Walīd Muḥammad ibn Rušd (Averroes): Vida, Obra, Pensamiento, Influencia.* (1986[1]). Córdoba: CajaSur, 1997, p. 57-60; a lista dos comentários às obras de Aristóteles estão nos inventários de Endress, G. Averroes Opera: A Bibliography of Editions and Contributions to the Text. In: Endress, G.; Aertsen, J. (Org.). *Averroes and the Aristotelian Tradition.* Leiden/Boston/Köln: Brill, 1999, p. 339-381; Gómez Nogales, S. Bibliografía sobre las Obras de Averroes. In: AAVV. *Multiple Averroès. Actes du Colloque International organisé à l'occasion du 850e anniversaire de la naissance d'Averroès. 20-23 septembre 1976.* Paris: Les Belles Lettres, 1978, p. 351-387; Puig, J. El Proyecto Vital de Averroes: Explicar y Interpretar a Aristóteles. *Al-Qantara*, v. 23, n. 1, Madrid: CSIC, 2002, p. 11-13. Nesta lista, demos destaque apenas às obras filosóficas, embora seja preciso ressaltar que Averróis escreveu, além das obras filosóficas, tratados de medicina, astronomia, direito e teologia. (N. da E.: os números sobrescritos ao lado do ano de publicação indicam a edição.)

1141 Retomada das conquistas almôadas sob a liderança de ^{c}Abd al-Mu'min.

1142 Morte do sultão almorávida ^{c}Alī b. Yūsuf.

1146 Chegada dos almôadas em Al-Andalus.

1147 Alfonso VII conquista Almeria.

1153 Averróis é introduzido na corte almôada em Marrakech (Marrocos).

1159 Primeira redação dos *Epítomes de Filosofia Natural.*

1163 Morre o primeiro soberano almôada ^{c}Abd al-Mu'min; sucede-o seu filho Abū Ya^{c}qūb Yūsuf.

Primeira redação de *Kitāb al-Kullīyāt fī-l-Ṭibb* (Livro das Generalidades da Medicina), obra conhecida no Ocidente como *Colliget.*

1164 Nascimento de Ibn ^{c}Arabī de Murcia.

1168-1169 Averróis é apresentado ao sultão Abū Ya^{c}qūb Yūsuf por Ibn Ṭufayl (Abubacer).

Redação de sua principal obra jurídica *Bidāyat al-Mujtahid wa Nihāyat al-Muqtaṣid* (Início para quem se esforça [a fazer um julgamento pessoal], fim para quem se contenta [com o ensinamento recebido]).

1168-1175 Composição dos Comentários Médios ao *Órganon: Categoriae; De Interpretatione; Syllogismus* (= *Analytica priora*); *De Demonstratione* (= *Analytica posteriora*); *Topica; De Sophisticis elenchis.*

1169 *Comentário Médio a De Physica auditu* (*Talḫīṣ Kitāb al-samā^{c} al-ṭabī^{c}ī*).

Averróis é designado juiz em Sevilha.

1169-1172 Comentários Médios às seguintes obras de Aristóteles: *De Physica auditu; De Animalibus; De Caelo et mundo; De Generatione et corruptione; Meteorologica.*

1170 Epítome aos *Parva Naturalia* (*Jawāmi^{c}* [*Kutub*] *al-ḥiss wa-l-maḥsūs*); contém exposições compendiadas sobre *De Sensu et sensato; De Memoria et reminiscentia; De Somnis et vigilia; De Longitudine et brevitatis vitae.*

Epítome sobre *Liber animalium* (*Kitāb al-ḥayawān*): contém exposições compendiadas sobre *De Partibus animalium* e *De Generatione animalium*.

1171 *Comentário Médio a Analytica posteriora* (*Talḫīṣ Kitāb al-Manṭiq*).

Averróis é designado juiz em Córdova.

Comentário Médio a De Caelo et mundo (*Talḫīṣ Kitāb al-samāʾ wa-l-ᶜālam*).

1172 *Comentário Médio a De Generatione et corruptione* (*Talḫīṣ Kitāb al-kawn wa-l-fasād*).

Comentário Médio a Meteorologica (*Talḫīṣ Kitāb al-aṯār al-ᶜulwiyya*).

1174 *Comentário Médio a Metaphysica* (*Talḫīṣ Kitāb mā baᶜd al-ṭabīᶜa*); *Comentário Médio a De Anima* (*Talḫīṣ Kitāb al-nafs*).

1175 *Comentário Médio a Ars Rethorica* (*Talḫīṣ Kitāb al-ḫiṭāba*); *Comentário Médio a Ars Poetica* (*Talḫīṣ Kitāb al-šiᶜr*).

1177 *Comentário Médio a Ethica Nicomachea* (*Talḫīṣ Kitāb al-aḫlāq*).

1178 Averróis regressa à sede do poder almôada em Marrakech.

1178-1179 *Sermo de Substantia Orbis* (Exposição sobre a Substância do Orbe).

1179 É nomeado grão-cádi de Sevilha.

Tratado Decisivo (*Faṣl al-Maqāl*); *Apêndice* (*Ḍamīma*).

Desvelamento dos Métodos de Demonstração (*Kašf ᶜan manāhij al-adilla*).

1180 *Demolição da Demolição* (*Tahāfut al-Tahāfut*).

Grande Comentário a Analytica posteriora (*Šarḥ Kitāb al-burhān*).

1182 É nomeado grão-cádi de Córdova, a mais importante magistratura de Al-Andalus; torna-se o médico oficial da corte.

1184 Morre o sultão Abū Yaᶜqūb Yūsuf; sucede-o no trono seu filho Abū Yūsuf Yaᶜqūb al-Manṣūr.

1185 Morte de Ibn Ṭufayl.

1186 *Grande Comentário a De Physica auditu* (*Šarḥ Kitāb al-samā' al-ṭabīᶜī*).

1188 *Grande Comentário a De Caelo et mundo* (*Šarḥ Kitāb samā' wa-l-ᶜālam*).

1190 *Grande Comentário a De Anima* (*Šarḥ Kitāb Arisṭūṭālīs fī al-nafs*).

Grande Comentário a Metaphysica (*Šarḥ Kitāb mā baᶜd al-ṭabīᶜa*).

1195-1198 Exílio de Averróis em Lucena, ao sul de Córdova.

1198 Averróis é reabilitado ante a corte e retorna a Marrakech.

Morte de Averróis na noite de 9 a 10 de dezembro, em Marrakech.

TABELA DE TRANSLITERAÇÃO

Árabe

’	ء	ḍ	ض
ā	ا	ṭ	ط
b	ب	ẓ	ظ
t	ت	^{c}	ع
ṯ	ث	ġ	غ
j	ج	f	ف
ḥ	ح	q	ق
ḫ	خ	k	ك
d	د	l	ل
ḏ	ذ	m	م
r	ر	n	ن
z	ز	h	ه
s	س	ū	و
š	ش	ī	ي
ṣ	ص	à	ى

Semivogais: w, y.
Vogais breves: a, u, i.

Nossa transliteração representa as palavras conforme sua escrita em árabe e não procura abarcar os fenômenos fonéticos ocorridos na sua pronúncia.

O plural de algumas palavras árabes foi representado com um –*s* final, seguindo a regra do português, a fim de facilitar a leitura e a compreensão, como ocorre em *ḥadīṯs*.

As referências bibliográficas foram grafadas conforme os padrões utilizados em sua publicação, os quais não coincidem necessariamente com os aqui adotados.

Grego

α	a	π	p
β	b	ρ	r
γ	g	ῥ (inicial)	rh
δ	d	σ	s
ε	e	ς (final)	s
ζ	z	τ	t
η	e	υ	y
θ	th	φ	ph
ι	i	χ	kh
κ	k	ψ	ps
λ	l	ω	o
μ	m	ὅ	hó
ν	n	ό	ó
ξ	x	ὸ	ò
ο	o	ῖ	î

Não é feita a distinção entre vogais longas e breves: ε / η, ο / ω.

O υ é transliterado pelo y quando está em posição vocálica; quando for semivogal, segundo elemento de ditongo ou segue um "o" longo fechado proveniente de alongamento compensatório ou de contração (os chamados falsos ditongos), o υ é transliterado pelo *u*.

Nos grupos γγ, γκ e γχ, o γ é transliterado pelo *n*.

O espírito brando não é grafado.

O espírito rude é transliterado pelo *h* nas vogais ou ditongos iniciais de palavra e no *ῥ* inicial (*rh*).

O acento grave (`), o acento agudo (´) e o circunflexo (^) são colocados de acordo com as regras tradicionais, mantendo a colocação dos acentos agudo e circunflexo sobre o segundo elemento do ditongo.

O ι (iota) subscrito não é considerado.

Obs.: Com exceção da não distinção entre as vogais longas e breves e da não transliteração do iota subscrito, as normas para a transliteração dos termos gregos foram concebidas pela professora Anna Lia A. de Almeida Prado e publicadas em *Classica – Revista Brasileira de Estudos Clássicos*, v. 19, n. 2, 2006.

INTRODUÇÃO

Rosalie Helena de Souza Pereira

Imortalizado na história da filosofia com a alcunha de "O Comentador", diga-se, de Aristóteles, Averróis – nome latinizado de Ibn Rushd (1126-1198) – surpreende os estudiosos com o *Comentário Sobre a "República"*, único trabalho seu em que comenta uma obra de Platão. Dado o título que a tradução latina atribuiu a essa obra, *Paráfrase da "República"*, o estudioso esperaria encontrar nela as teses desenvolvidas por Platão em sua obra. Não é isso, porém, que ocorre de fato.

A primeira pergunta a ser feita, portanto, é sobre a razão que levou Averróis a compor um tratado cujo fio condutor é a *República*. A resposta é dada pelo próprio autor ao afirmar que, como não teve acesso à *Política*, de Aristóteles, serviu-se dessa obra de Platão com o intuito de completar a filosofia prática, composta de duas partes, a teórica e a prática, isto é, a ética e a política propriamente. Como declara no início do tratado: "A primeira parte desta arte está posta no livro chamado [*Ética*] *Nicomaqueia*, de Aristóteles; a segunda, no seu *Livro Sobre a Política* e neste livro de Platão que pretendemos explicar, pois o livro de Aristóteles sobre a política não chegou a nós"[1]. Com isso, Averróis permanece, de certa maneira, fiel ao projeto a que se dedicou durante toda a sua vida, a saber, restaurar a "verdadeira" filosofia, que ele considera ser a de Aristóteles.

Comentário ou Paráfrase?

Outro problema com o qual se depara o estudioso desse tratado é sua classificação como "comentário médio" ou "menor". Averróis faz uma leitura peculiar da *República* usando apenas as passagens que lhe interessam. Além disso, faz amplo uso de seu conhecimento de algumas obras de Aristóteles e de certas concepções de Al-Fārābī (872-950), introdutor da filosofia política no Islã, o que torna difícil a sua classificação como "comentário".

Conhecidas na escolástica latina como "comentários" ao *corpus aristotelicum*, as exposições de Averróis costumam ser divididas em grande, médio e pequeno comentário, o que não significa que sejam comentários de maior ou menor extensão[2]. Na tradição filosófica árabe são usados os termos *sharḥ* ou *tafsīr* para o

1 As edições do *Comentário Sobre a "República"* que aqui usamos são as seguintes: Averróis (Ibn Rushd), 1992 (trad. Elia del Medigo); para esclarecer o sentido de passagens obscuras desse texto latino, recorremos à versão de J. Mantino: Averróis (Ibn Rushd), 1962 [1550-1562], in: Averróis (Ibn Rushd) 1962 [1550; 1562-1574]; e às traduções: Averróis (Ibn Rushd), 1966 (trad. Rosenthal); Averróis, 1974 (trad. Lerner); Averróis, 1990[2] (trad. Cruz Hernández) [Ver referências bibliográficas]. Doravante, esses trabalhos serão citados como segue: trad. Elia del Medigo, trad. Rosenthal, trad. Lerner, e trad. Cruz Hernández. Como não há divisão em parágrafos no manuscrito latino, os editores italianos adotaram os critérios da divisão da edição crítica de Rosenthal; desse modo, estão assinalados primeiro o Livro a que se refere, em algarismos romanos, e em seguida, entre colchetes, a seção, com outro algarismo romano, e a subseção, com um algarismo arábico. As páginas indicadas da edição de Rosenthal referem-se à sua tradução inglesa, que acompanha a edição do texto hebraico. A paginação da tradução inglesa realizada por Ralph Lerner segue a paginação da edição hebraica de Rosenthal, que tem início na p. 21. Nas referências, incluímos os números que indicam as marcações da edição latina da versão de Elia del Medigo (que coincidem com as do texto hebraico editado por Rosenthal e de sua tradução inglesa), a divisão da tradução de Lerner e a página da publicação citada da tradução espanhola de Cruz Hernández. Trad. Elia del Medigo I <I, 8>; trad. Rosenthal I.i.8; trad. Lerner 22:1-5; trad. Cruz Hernández, p. 5.

2 Sobre a classificação dos comentários de Averróis na pesquisa contemporânea, ver Puig, in: Averróis, 1987, p. 14 et seq.

"grande" comentário, *talḫiṣ* para o "médio" ou paráfrase, e *jawāmi*ᶜ (sing. *jāmi*ᶜ) para os "pequenos", os quais estão mais próximos de sumas, epítomes ou compêndios, pois buscam dar destaque às partes consideradas mais importantes. Todavia, é difícil estabelecer se a exposição sobre a *República* é um *talḫiṣ*, paráfrase ou "comentário médio", ou um *jāmi*ᶜ, epítome ou suma. No título da versão hebraica e no final do Livro I, o termo usado é *be'ur*, equivalente do árabe *talḫiṣ* para paráfrase ou "comentário médio"[3]. Miguel Cruz Hernández tende a considerá-la uma obra "original", diversa dos comentários – grandes, médios e pequenos –, em razão das posições políticas aí assumidas pelo Comentador.

Embora o título que adotamos possa ser questionado, aqui nos referimos à obra estudada como *Comentário Sobre a "República"*, uma vez que não a consideramos uma paráfrase da *República*, em sentido estrito, já que nela Averróis expõe suas próprias ideias acerca da sociedade de seu tempo. Tampouco consideramos esse texto um "comentário menor" ou um "comentário médio" propriamente, uma vez que seu conteúdo e sua forma diferem das exegeses que Averróis compôs sobre a obra de Aristóteles. Esse escrito de Averróis seria mais uma obra original e criativa em que, além de comentar grande parte dos livros da *República*, ele utiliza muito a *Ética Nicomaqueia* e noções das obras políticas de Al-Fārābī para tecer suas críticas à sociedade de sua época e aos teólogos muçulmanos.

A Tradução Hebraica e as Versões Latinas

O original árabe do *Comentário Sobre a "República"* não sobreviveu. Segundo ᶜAbdurraḥmān Badawī, ainda existia um

3 J.-L. Teicher afirma que o termo *be'ur* (= *talḫiṣ*), que aparece na versão hebraica da conclusão do Livro III, é o *explicit* do escriba, não podendo, portanto, ser atribuído a Averróis. Isso não significa, para Teicher, que o tratado possa ser considerado um "comentário", como defendeu E.I.J. Rosenthal (Rosenthal, in: Averróis, 1966, p. 8-9), mas trata-se de um "compêndio" (*jawāmi*ᶜ [*sic*]), embora o título em hebraico *Be'ur Ibn Roshd*, que "evidentemente não é o original", corresponda ao árabe *talḫiṣ* (Teicher, 1960, p. 177).

manuscrito desse original na biblioteca do Escorial em 1671, quando houve o incêndio que destruiu boa parte do acervo. De acordo com o catálogo do Escorial, o título árabe da obra seria *Aflāṭūn fī al-talātat al-mansūba fī siyāsat al-madīna, bi- talḫiṣ Abī al-Walīd ibn Rushd* (Os três níveis da política segundo Platão, no comentário de Averróis)[4]. Todavia, a lista das obras de Averróis publicada por Ernest Renan contém o título *Jawāmiᶜ siyāsat Aflāṭūn* (Prolegômenos sobre a política de Platão)[5].

Chegou a nós, porém, conservada em oito manuscritos, uma tradução hebraica, realizada por Shemū'ēl b. Yehūḏā de Marselha, a partir do original árabe, cuja primeira versão foi terminada em 24 de novembro de 1320, na cidade de Uzès.

No epílogo, o tradutor judeu relata as dificuldades da tradução e declara que, ao empreendê-la, não tinha ainda em mãos o comentário de Averróis sobre a *Ética Nicomaqueia*, "que constitui a primeira parte dessa ciência prática"[6], embora tivesse o texto de Aristóteles, que, porém, não foi capaz de traduzir "em razão de sua complexidade e dificuldades", superadas somente quando obteve o comentário sobre a *Ética* escrito por Averróis "na linguagem clara e distinta que costuma usar em todas as suas exposições"[7].

Para verificar a tradução que conduziu do *Comentário Sobre a Ética Nicomaqueia*, Shemū'ēl afirma que sempre se apoiou no texto do próprio Aristóteles, mas, para verificar sua tradução do *Comentário Sobre a "República"*, não dispunha de nenhum outro livro[8]. Não cabe, portanto, excluir eventuais erros na versão hebraica. O copista Moisés b. Rabbi Isaac insiste nas dificuldades

4 Cf. Morata apud Badawī, 1998, p. 131.

5 Lista do manuscrito nº 879 (Casiri), fol. 82, publicada no apêndice em Renan, E. *Averroès et l'Averroïsme*. Paris, 2002, p. 462, 1. 10, apud Badawī, 1998, p. 131.

6 Shemū'ēl b. Yehūdā de Marselha. *Epílogo do Tradutor*. Texto editado por E.I.J. Rosenthal e traduzido por Miguel Cruz Hernández in: trad. Cruz Hernández, p. 151; id. *Translator's Colophon*. In: trad. Lerner, p. 153. Rosenthal não dá a tradução nem do *Epílogo do Tradutor*, nem do *Colofão do Copista*, embora tenha realizado a edição deles em hebraico.

7 Shemū'ēl b. Yehūdā de Marselha, op. cit. In: trad. Cruz Hernández, p. 151; id. *Translator's Colophon*. In: trad. Lerner, p. 153.

8 Trad. Cruz Hernández, p. 154-155; trad. Lerner, p. 153.

que o tradutor enfrentara ao empreender seu trabalho[9]. Apesar disso, copiou o manuscrito como o encontrou, e, assim, a versão hebraica é o que temos de mais próximo do original árabe perdido.

Dessa versão hebraica, há uma edição crítica acompanhada da tradução inglesa por E.I.J. Rosenthal, publicada em 1956, à qual se seguiu outra tradução inglesa, feita por Ralph Lerner e publicada em 1974[10] (ver referências bibliográficas). Quanto à tradução espanhola de Miguel Cruz Hernández, parece ter sido feita a partir da versão hebraica cotejada com a tradução latina de Jacob Mantino[11].

Restam também duas traduções latinas realizadas a partir da versão hebraica, embora nem sempre coincidam: a de Elia del Medigo e a de Jacob Mantino.

Em 1485, Elia del Medigo, o Cretense (1460-1493), a partir da versão hebraica, realizou uma tradução latina[12] encomendada

9 Cf. M. b. Rabbi Isaac. *Cólofon del Copista*. In: trad. Cruz Hernández, p. 157-158; id. *Translator's Colophon*. In: trad. Lerner, p. 153-157.

10 A edição estabelecida do texto hebraico, realizada por E.I.J. Rosenthal, está ancorada no manuscrito (B) Ms. München, Bayrische Staatsbibliothek, Hebr. 308, fols. 1v – 43v, manuscrito datado de princípios do século XVI. A revisão dessa edição está baseada em oito manuscritos e no resumo feito, em 1331, por Joseph Caspi. Os manuscritos usados por Rosenthal são os seguintes: (A) Ms. Firenze, Biblioteca Medicea Laurenziana, Conventi Soppressi 12, fols. 95v – 130v; (B) Ms. München, Bayrische Staatsbibliothek, Hebr. 308, fols. 1v – 43v; (C) Ms. Milano, Biblioteca Ambrosiana, R. 33 sup., fols. 1r – 56r; (D) Ms. Firenze, Biblioteca Medicea Laurenziana, Plut. 88.25, fols. 100v – 138r; (E) Ms. Oxford, Bodleian Library, Mich. 565, fols. 127v – 154r; (F) Ms. Viena, Nationalbibliothek, Heb. 27, fols. 87r – 114v; (G) Ms. Cambridge, University Library, Add. 496, fols. 1r – 62r; (H) Ms. Oxford, Bodleian Library, Mich. 317, fols. 1r – 62r; Rosenthal, E.I.J. Introduction. In: trad. Rosenthal, p. 2-7. Moritz Steinschneider arrola ainda um manuscrito em Torino, que, porém, foi destruído em um incêndio em 1904, cf. id., p. 6. R. Lerner usou, para sua tradução, o manuscrito (A) Ms. Firenze, Biblioteca Medicea Laurenziana, Conventi Soppressi 12, fols. 94r – 129v, embora utilize o aparato crítico da edição do texto hebraico feito por Rosenthal; o manuscrito (A) é datado em 1457, o mais antigo de todos os sobreviventes dessa versão hebraica do comentário de Averróis, e possui variantes superiores aos outros, cf. Lerner, R. Preface. In: trad. Lerner, p. viii. O manuscrito (A) não está incluído na lista feita por M. Steinschneider, como informa E.I.J. Rosenthal na p. 3 de sua edição.

11 Cf. Cruz Hernández. Estudio Preliminar. In: trad. Cruz Hernández, p. LXX et seq.

12 *Expositio Commentatoris Averrois in librum politicorum Platonis*. Ms. Siena, Biblioteca Comunale degli Intronati, G. VII, 32 (56), fols. 158r – 188r, cópia terminada em Roma em 26 de abril de 1491 por Raimondo di Saleta para Pietro Negroni, abade de San Gregorio al Celio, cf. Coviello; Fornaciari, in: trad. Elia del Medigo, p. XXIII; cf. Cruz Hernández, in: trad. Cruz Hernández, p. LXX, n. 44.

por Pico della Mirandola[13], cujo único manuscrito está conservado em Siena, na Biblioteca Comunale degli Intronati[14].

Em 1539, o médico judeu Jacob Mantino fez uma nova tradução latina[15], também a partir da versão hebraica, que, entretanto, é mais uma paráfrase que uma tradução. Esse trabalho é dedicado ao Papa Paulo III e foi editado em Veneza quando veio a público a obra completa de Averróis, em latim. Desconhecendo a anterior tradução de Elia del Medigo, Mantino afirma, em sua dedicatória ao papa, que a sua é a primeira versão latina dessa obra de Averróis[16]. Conforme E.I.J. Rosenthal, essa tradução é muito imprecisa, já que Mantino frequentemente segue o original de Platão em vez de se ater à versão hebraica do comentário de Averróis que está traduzindo. Rosenthal afirma que, como o tradutor não é fiel à versão hebraica, sua função apropriada seria a de intérprete do texto de Averróis e alerta para o cuidado que se deve ter ao usar essa tradução latina, embora ela possa servir de referência e de auxílio na compreensão das passagens mais obscuras[17].

A tradução de Elia del Medigo, cronologicamente mais próxima ao original árabe, é mais fiel à versão hebraica. Os editores dessa versão latina observam que Elia del Medigo segue escrupulosamente o texto hebraico, embora muitas vezes "o sentido geral do discurso seja quase ininteligível"[18].

13 Sobre os itinerários do intercâmbio intelectual entre Pico e Elia, ver Coviello; Fornaciari, in: trad. Elia del Medigo, p. XIX-XXIII.

14 Esse manuscrito foi descoberto em 1964, em Siena, pelo Prof. Paul Kristeller, cf. Geffen, 1973-1974, p. 72 [4]. Como atesta a edição de A. Coviello e P.E. Fornaciari, publicada em 1992, é inexata a informação de ʿAbdurraḥmān Badawī de que essa tradução latina estivesse perdida, cf. Badawi, 1998, p. 131, nota 1. Badawī publicou *Averroès (Ibn Rushd)* usando o capítulo dedicado a Averróis de sua *Histoire de la philosophie en Islam*, publicada em 1972, com o acréscimo de dois ensaios que não faziam parte da obra original, conforme anuncia no Prefácio de *Averroès* (*Ibn Rushd*).

15 *Aristotelis Opera cum Averrois commentariis. Averrois Cordubensis paraphrasis in libros de Republica Platonis speculativos: et est secunda pars scientiae moralis.* Jacob Mantino Hebraeo Medico Interprete. In: *Aristotelis omnia quae extant opera. Averrois Cordubensis in ea opera omnes, quid ad haec usque tempora pervenere commentarii.* Venetiis, apud Iunctas, 10 v., 1562-1574; reimpressão anastática Frankfurt: Minerva, 1962, 14 v., v. III, fols. 335H – 372M.

16 Trad. Mantino 335R: "a me nunc primum latinitate donatos".

17 Cf. Rosenthal, in: trad. Rosenthal, p. 8.

18 Coviello; Fornaciari, in: trad. Elia del Medigo, p. X.

Elia del Medigo escreve em um latim que não é o comumente usado pelos humanistas seus contemporâneos, pois é um latim cujo paradigma é a língua vulgar. Mas, apesar de o tradutor demonstrar um certo desinteresse pelo estilo, ele respeita ao máximo as exigências de clareza próprias da linguagem filosófica[19].

A difusão do *Comentário Sobre a "República"* na versão latina de Elia del Medigo é desconhecida. Como essa versão foi descoberta somente em 1964 por Paul Kristeller[20], acreditou-se, por muito tempo, que a única versão latina dessa obra de Averróis era a de Jacob Mantino, publicada em Veneza no século XVI.

O "Comentário Sobre a 'República'"

O *Comentário Sobre a "República"* é dividido em três livros, cada um deles correspondendo a determinados livros da *República*. Embora a parte inicial do primeiro livro do comentário esteja inteiramente calcada na *Ética Nicomaqueia*[21], esse livro refere-se, *grosso modo*, a partes do livro II e aos livros III, IV e V da *República*.

A justificativa de Averróis para ignorar certas passagens do diálogo platônico é anunciada já na frase de abertura do comentário:

> Nesta exposição, a intenção é esclarecer o que contêm os discursos atribuídos a Platão em sua [ciência] política a partir dos discursos científicos, deixando de lado os discursos célebres e prováveis (= dialéticos) nela apresentados, buscando sempre a concisão. Mas, por causa da ordem da doutrina, devemos antes apresentar a proposta pela qual a doutrina está organizada de acordo com a ordem[22].

Nessas primeiras linhas há, pois, uma tomada de posição metodológica, coerente com as várias afirmações feitas em seus

19 Cf. ibid., p. X-XV.

20 Cf. Geffen, 1973-1974, p. 4.

21 Especialmente *Ética Nicomaqueia* I, 13; II, 1, passagens consagradas à definição da virtude.

22 Averróis, in: trad. Elia del Medigo I § 1, 1.

comentários com relação a seu propósito de "restaurar a verdadeira filosofia", isto é, a de Aristóteles. Com esse procedimento metodológico, compreende-se que Averróis pretende, ao longo de sua exposição sobre a *República*, recorrer aos argumentos demonstrados apoditicamente, tal como foram definidos pelo Estagirita. Averróis, portanto, deixa claro o que vai fazer e como vai fazer.

O segundo livro corresponde aos Livros VI e VII da *República*; o terceiro, aos Livros VIII e IX. Sobre o Livro X, Averróis afirma, no final de seu tratado, que não é necessário para a ciência política.

Há discordância sobre o texto utilizado por Averróis, se o platônico traduzido para o árabe ou o resumo (ou paráfrase[23]) que Galeno fez da *República*[24], traduzido também para o árabe, no século IX, por Ḥunayn ibn Isḥāq. Em seu comentário, Averróis critica Galeno diversas vezes, recusa suas observações e o acusa de ter sido ingênuo, vaidoso, confuso e de desconhecer a lógica[25]. Diante disso, parece razoável acreditar que Averróis tenha tido acesso direto ao texto platônico, confrontando-o com o resumo de Galeno. Além disso, há passagens que confirmam que ele se serviu não apenas da *República*, mas ainda das *Leis*, além dos resumos dessas duas obras de Platão feitos pelo médico de Pérgamo.

Há que se acrescentar que Averróis também utiliza obras de Al-Fārābī, como *Obtenção da Felicidade* e *Princípios das Opiniões dos Habitantes da Cidade Virtuosa*, pois, além de mencionar o filósofo árabe, usa no início de seu tratado uma asserção farabiana retirada *ipsis litteris* de *Obtenção da Felicidade*, ainda que para corrigi-la, ao longo de sua exposição, à luz da doutrina aristotélica[26].

23 Alguns estudiosos, como Richard Walzer, afirmam que se trata de uma paráfrase da *República*, outros sustentam que se trata de um resumo ou sumário. Como esse texto está perdido, não é possível decidir essa questão.

24 Sobre a posição de que Averróis não usou o sumário da *República* feito por Galeno, ver Van den Bergh, 1958, p. 409, apud Berman, 1971, p. 438.

25 Averróis cita cinco vezes Galeno: trad. Elia del Medigo I § I, XVI, 1; I § XXII, 2; I § XXVI, 3; I § XXVI, 8; III § XX, 11. Trad. Rosenthal I.xvi.1; I.xxii.2; I.xxvi.3; I.xxvi.8; III.xx.11; trad. Lerner 36:5-10; 46:5-10; 55:20-25; 56:20-25; 105:1; trad. Cruz Hernández, p. 29; 45; 62; 63; 147.

26 Sobre a ordem das virtudes enunciadas por Al-Fārābī e a argumentação de Averróis corrigindo essa ordem, ver Pereira, 2012.

A questão das fontes usadas por Averróis para compor o *Comentário Sobre a "República"* permanece em aberto até que venham à luz novas descobertas. Todavia, é preciso salientar que essa obra não constitui uma evidência de que Averróis tenha tido em mãos a tradução integral do diálogo platônico. Averróis faz uma leitura aristotelizante da *República*, não faz nenhuma referência à redação da obra platônica em forma de diálogo e tampouco se refere aos personagens que dela participam. Não leva em conta nem o tempo, nem o lugar, nem as circunstâncias em que se desenvolve a discussão sobre a justiça no texto de Platão.

Temas Tratados no "Comentário Sobre a 'República'"[27]

A análise do modo como o *Comentário Sobre a "República"*, em sua tradução latina, interroga o objeto da política, incita-nos a destacar a ordem conceitual que conduz Averróis a propor um tratado político com base em um texto de Platão, "na falta da *Política*, de Aristóteles". A elaboração desse tratado depende de certas teses, em particular a teoria aristotélica das virtudes, embora Averróis utilize as tradicionais quatro virtudes cardinais platônicas: coragem (*andreía*), moderação (*sophrosýne*), sabedoria (*sophía*) e justiça (*diké*). O tema das virtudes é, pois, o eixo em torno do qual se articula o tratado, mas Averróis não segue a exposição de Platão, e sim a de Al-Fārābī em *Obtenção da Felicidade*, ao propor, no início do tratado que

> já está esclarecido, na primeira parte desta ciência, que as perfeições humanas gerais são conforme quatro espécies, a saber, perfeições especulativas e perfeições cogitativas, perfeições morais e perfeições operativas, e que todas estas perfeições são em vista das especulativas

27 Não é nossa intenção fazer aqui uma exposição sistemática dos temas tratados por Averróis em seu *Comentário Sobre a "República"*. Para uma discussão mais aprofundada, remetemos o leitor ao nosso trabalho *Averróis: A Arte de Governar: Uma Leitura Aristotelizante da "República"* [Pereira, 2012].

e dispõem em relação a elas, tal como as coisas que são para o fim dispõem em vista do fim[28].

Assim, o Livro I apresenta as virtudes necessárias a todos os cidadãos, mas concede destaque à virtude da coragem, necessária aos guardiões da cidade ideal. Com isso, Averróis parece seguir a via traçada por Aristóteles na *Ética Nicomaqueia*, que começa seu discurso sobre as virtudes considerando a virtude moral[29].

O Livro II do comentário de Averróis trata do bom governante, de sua educação e das qualidades requeridas de um governante; aborda ainda o tema do objetivo de um governo, pois, como afirma Averróis, "se acaso ignora-se o fim, ignora-se a via que conduz a esse fim". Averróis já havia anunciado no Livro I que os governantes da cidade ideal devem ter suas virtudes associadas ao conhecimento da ciência (I § XVIII, 4), mas é no Livro II que ele se detém em analisar a principal virtude do governante: a virtude cogitativa, que vem a ser o mesmo que a sabedoria prática, isto é, a *phrónesis* aristotélica. É oportuno lembrar que no *Comentário Médio Sobre a Ética Nicomaqueia*, Averróis indica que "a prudência (= sabedoria prática) e a arte de governar as cidades são um único campo de investigação (*subiecto*)". Essa afirmação é corroborada no Livro II do *Comentário Sobre a "República"*, em que Averróis é mais claro ao afirmar que:

> É manifesto que isso não se perfaz nele (i.e., no governante), a não ser quando for sábio de acordo com a ciência operativa e, junto com isso, tiver a excelência conforme a virtude cogitativa, pela qual são descobertas as coisas explicadas na ciência moral [concernentes] aos povos e às cidades[30].

28 Trad. Elia del Medigo I § I, 10; trad. Rosenthal I.i.10; trad. Lerner 22:10-15; trad. Cruz Hernández, p. 5. Em *Obtenção da Felicidade*, Al-Fārābī começa o tratado declarando: "As coisas humanas pelas quais nações e cidadãos nas cidades obtêm a felicidade nesta vida e a suprema felicidade no além-vida são de quatro tipos: virtudes teoréticas, virtudes deliberativas, virtudes morais e artes práticas". Al-Fārābī, 1995, p. 25; id., 2001[3], p. 13; id., 2005, p. 17.

29 Sobre a virtude moral em Aristóteles, ver Aristóteles, 2008.

30 Trad. Elia del Medigo II § I, 3; trad. Rosenthal II.i.3; trad. Lerner 61:1-4; trad. Cruz Hernández, p. 71-72.

O governante deve, portanto, conhecer os pressupostos da política, ou seja, a ética aristotélica, essa "ciência moral" que discorre sobre o valor da sabedoria prática (*phrónesis*) e seus corolários, a boa deliberação (*euboulía*) e a escolha deliberada (*proaíresis*), virtude necessária para o bom desempenho da soberania.

O Livro III descreve os vários tipos de regime político, desde os "ignorantes"[31] com seus vícios (timocracia, oligarquia, tirania e democracia) até os excelentes com suas virtudes (aristocracia e monarquia). A esses seis tipos de governo, Averróis acrescenta outros dois: o dos que buscam apenas as necessidades para a sobrevivência (governo da necessidade) e o dos que buscam somente o prazer (governo hedonista). Sua lista, portanto, difere da de Platão, uma vez que apresenta oito tipos de governo, dos quais seis são imperfeitos.

O tratado tem no Livro II, que trata fundamentalmente do soberano, a tese principal de Averróis, embora ela não seja aparente, que se coaduna com suas críticas ao poder, seja ele dos governantes, seja do alto escalão representado pelos doutores teólogos e juristas. A sociedade é imperfeita porque o poder é imperfeito[32], já que são os governantes tiranos e timocráticos, bem como os oligárquicos, que impedem a realização de uma cidade virtuosa. A responsabilidade de uma cidade "ignorante" parece ser apenas dos governantes e de seus associados. A arquitetura da sociedade é piramidal, e seu cume, na figura do califa, concentra todo o poder. Dele emana a vontade suprema enquanto sucessor do fundador do Islã, como

31 No texto latino, *politica stulta* remete-se à expressão usada por Al-Fārābī, *Mabādi' Ārā' Ahl al-Madīnat al-Fāḍila* (Princípios das Opiniões dos Habitantes da Cidade Virtuosa), 1998².

32 Trad. Elia del Medigo III § IX, 2: "Sed quomodo autem advenit ei corruptio? Manifestum est quod hoc advenit ei ex genere illo dominorum quando accidit in eo confusio et corruptio et mixtio argentorum et aureorum." Trad. Rosenthal III, ix.2; trad. Lerner 87: 23-25, p. 117: "As to whence corruption enters into it, why it is clear that it enters into it from the class that rules over it when there arise in it [sc., the ruling class] confusion, corruption, and the mixture of the golden and the silver [classes]". Trad. Cruz Hernández, p. 116.

bem indica o termo árabe *ḫalīfa*[33]. Desse modo, os cidadãos não têm um papel corruptor, já que cabe ao soberano a tarefa de instituir uma educação voltada para as virtudes. Para isso, ele próprio deve ser iniciado na prática das virtudes desde cedo. Essa tese se sustenta no espírito da *umma*, a comunidade islâmica, que tem em seu profeta fundador Muḥammad o exemplo da conduta virtuosa. A apresentação das qualidades essenciais ao soberano, no Livro II, embora calcada nos tratados de Al-Fārābī, não remonta apenas à doutrina de Platão na *República*, mas também à tradição islâmica, sobretudo ao jurista Al-Mawardī (974-1058)[34]. Assim, Averróis segue a tradição filosófica elaborada em terras do Islã ao harmonizar a filosofia herdada dos gregos com a tradição islâmica.

Um ponto, no entanto, é necessário observar: a noção de soberano-filósofo, na concepção de Averróis, está invertida em relação à noção de filósofo-rei de Platão. Não obstante na *República* seja o filósofo quem deve tornar-se rei, aqui é o soberano, em razão de sua sucessão dinástica, quem deve tornar-se filósofo: "o regime de uma tal cidade – ou uma tal cidade – vem a ser [...] quando o rei for filósofo"[35]. Averróis, contudo, também propõe para a sua cidade ideal o governo conjunto de dois soberanos, concepção tomada de Al-Fārābī, embora ligeiramente modificada[36]: enquanto, para Al-Fārābī, o poder pode ser dividido entre um filósofo e o rei, para Averróis, o soberano seria um zeloso

33 O termo árabe *ḫalīfa* (pl. *ḫulafā'*) significa sucessor, líder temporal, representante, vicário, lugar-tenente, delegado de Deus na terra e responsável do cumprimento de Seus atos na condição de sucessor do Profeta Muḥammad. "Sucessor do mensageiro de Deus" (*Ḫalīfa rasūl Allāh*) é o título adotado por Abū Bakr, o primeiro na linha da sucessão de Muḥammad ao liderar os muçulmanos de 632 a 634. Abū Bakr recusou o título *Ḫalīfa*, sem predicação, porque, a seu juízo, ninguém é sucessor de Allāh, podendo ser apenas o sucessor do Profeta enviado de Deus.

34 Sobre o tópico das qualidades essenciais ao governante, ver Pereira, 2011.

35 Trad. Elia del Medigo II §1, 1: "Quia regimen talis politicae, vel talis politica, invenitur cum esset possibile, et accideret quod rex fuisset philosophus"; trad. Rosenthal II, i.1; trad Lerner 60:15-20; trad. Cruz Hernández, p. 71.

36 A ideia de dois soberanos tem ressonâncias platônicas: Platão pensou na possibilidade de o rei governar em conjunto com um filósofo, quando refletiu sobre a sua experiência frustrada em Siracusa, relatada na *Carta VII*. In: Platão, 1950, t. VIII, p. 315-354.

guardião das instituições auxiliado por um jurista[37]. Estaria aí a causa das perseguições que Averróis sofreu no final de sua vida?

Datação do Original Árabe do "Comentário Sobre a 'República'"

Não há consenso sobre a datação do *Comentário Sobre a "República"*. A obra foi dedicada ao príncipe regente, cujo nome não é citado, omissão que impede o uso dessa referência para estabelecer a data de sua redação. A crítica presente nesse comentário induz alguns autores, como E. Renan e M. Cruz Hernández, a relacionar esse tratado ao exílio de Averróis, ocorrido em 1195[38]. Em razão das "intrigas palacianas" promovidas pelos teólogos e pelos juristas *mālikitas* interessados em cancelar a influência do almoadismo racionalista[39], que, de certa maneira, envolvia a filosofia de Averróis, esses dois autores consideram 1194 o ano da composição do tratado.

Em sua introdução à edição da versão hebraica com tradução inglesa, E.I.J. Rosenthal expõe as dificuldades para datar essa obra na ausência de critérios confiáveis. Se Averróis compôs esse comentário antes do comentário sobre a *Ética Nicomaqueia*, é ainda uma questão em aberto[40]. Como afirma Rosenthal, é pouco provável que Averróis tenha escrito o seu *Comentário Sobre a "República"*, considerada a parte prática da política, antes do *Comentário Sobre a*

37 Trad. Elia del Medigo III § 1, 8; trad. Rosenthal III, i.8-9; trad. Lerner 81:5-9; trad. Cruz Hernández, p. 105.

38 O exílio em Lucena, importante comunidade judaica, deu origem à lenda de que Averróis teria se refugiado na casa de Maimônides – Ibn Maymūn (1135-1204), como era conhecido entre os árabes –, o que é impossível já que o pensador judeu vivia há anos no Cairo. Desses boatos, resultou outra lenda na tradição medieval e renascentista, a da origem judaica de Averróis, cf. Cruz Hernández, 1997, p. 31. Embora a lenda medieval descreva as relações de amizade entre os dois filósofos, Maimônides declarou-se discípulo de um aluno de Ibn Bājjah (Avempace), e seria somente no exílio, no Egito, que teria lido alguns comentários de Averróis, cf. Urvoy, 1996, p. 159. Essa lenda da hospitalidade concedida a Averróis por Maimônides foi propagada por Leão Africano, cf. Renan, 2002, p. 33; 36. Os motivos do desterro de Averróis são controversos. Ver a esse respeito Cruz Hernández, 1997, p. 28-33.

39 Cf. Cruz Hernández, 1997, p. 29.

40 A propósito, ver Rosenthal, in: trad. Rosenthal, p. 10-11; id. 1971, p. 60-92.

Ética, que seria a parte teorética da política, já que ele repete muitas vezes ao longo do *Comentário Sobre a "República"* que "isto já foi visto antes", isto é, o que se refere à parte teorética da arte política já fora desenvolvido e explicado no *Comentário Sobre a Ética*. Há, no entanto, grande possibilidade de que esses dois comentários tenham sido redigidos na mesma época, uma vez que Averróis esperava ter em mãos a *Política* aristotélica para compor sua obra sobre a parte prática da política. Como o próprio Averróis afirma, a *Ética Nicomaqueia* e a *República* formam duas partes complementares da mesma ciência política. De qualquer modo, é plausível considerar 1177 como a data a partir da qual teria sido redigido o *Comentário Sobre a "República"*, em virtude da data do término da redação do *Comentário Médio Sobre a Ética Nicomaqueia*, a saber, 4 de maio de 1177.

Além de Cruz Hernández[41], também ᶜAbdurraḥmān Badawī[42], Massimo Campanini[43] e o historiador Dominique Urvoy[44] sustentam que esse tratado foi composto em 1194. Cruz Hernández contesta a datação de Rosenthal, que pensou que a dedicatória de Averróis fosse dirigida ao soberano Abū Yaᶜqūb Yūsuf, morto em 1184. Segundo o arabista espanhol, o contexto da obra indica que ela teria sido dedicada ao filho e sucessor desse soberano, Abū Yūsuf Yaᶜqūb al-Manṣur, sob cuja proteção viveu Averróis[45].

A datação em 1194 do *Comentário Sobre a "República"* é também atribuída a um erudito anônimo do século XVII[46] que, para considerar essa data como possível, levou em conta o fato de Averróis não ter tido em mãos a *Política* e ter esperado até que se esgotassem todos os recursos para conseguir esse escrito

41 Cf. Cruz Hernández, in: trad. Cruz Hernández, p. XI.

42 Cf. Badawī, 1998, p. 33; id., 1972, v. II, p. 761.

43 Cf. Campanini, 1999, p. 164.

44 Cf. Urvoy, 1998, p. 224, nota 3; id., 1996, p. 48.

45 "Pouco antes de 1194, os exércitos dos reinos do norte renovaram suas ofensivas; Afonso VIII ocupou Alarcón em 1184; Iniesta, em 1186, e Magacela, em 1189. Todas essas conquistas, todavia, foram perdidas depois da batalha de Alarcos em 1195, exceto as do alto Júcar." Em razão desses fatos históricos, Cruz Hernández situa o término do *Comentário* após 1189 e antes de 1195. Cruz Hernández, in: trad. Cruz Hernández, p. 148, nota 72.

46 Cf. Urvoy, 1998, p. 224, n. 3.

aristotélico. O argumento parece consequente, ainda que Rosenthal chame a atenção para questões de vocabulário que fariam recuar a datação do tratado para antes de 1182.

Para concluir, têm praticamente igual peso os diferentes argumentos para datar esse comentário.

Nossa Tradução

Embora existam duas traduções inglesas a partir da versão hebraica desse comentário, não há nenhuma tradução direta de ambas as versões latinas. A versão hebraica nem sempre coincide com a latina de Elia del Medigo, muito menos com a de Jacob Mantino.

Para nossa tradução, em língua portuguesa, usamos a edição de Anna Lisa Coviello e Paolo Edoardo Fornaciari publicada, na Itália, em 1992. Nas passagens em que o texto latino de Elia del Medigo torna difícil a compreensão dos argumentos, recorremos à versão latina de Jacob Mantino publicada por Iunctas, durante o *Cinquecento*, em *Aristotelis omnia quae extant opera. Averrois Cordubensis in ea opera omnes, quid ad haec usque tempora pervenere commentarii*, cuja cópia anastática foi publicada, na Alemanha, em 1962.

A nossa tradução procurou seguir o mais próximo possível o texto latino. Todavia, quanto às "irregularidades" de sintaxe e de gramática do texto, procuramos adequá-las aos cânones da língua portuguesa. Como já mencionado, o latim de Elia del Medigo tem como paradigma o uso da língua vulgar, mas, muitas vezes, as construções sintáticas permanecem presas à estrutura da língua hebraica. Como bem observam os editores italianos,

> a primeira peculiaridade, muito evidente até numa observação superficial, consiste no escrúpulo com que o texto de Elia del Medigo segue o original hebraico, escrúpulo que às vezes torna quase ininteligível o sentido geral do discurso, a fim de evitar paráfrases ou expansões que se distanciariam muito da letra[47].

47 Coviello; Fornaciari, in: trad. Elia del Medigo, p. x.

Por exemplo, é frequente o uso de anacolutos e construções *ad sensum*. Contudo, apesar de demonstrar desinteresse pelo estilo, Elia del Medigo procurou respeitar ao máximo as exigências da linguagem filosófica.

Quanto às passagens de difícil compreensão e aos termos inexistentes no léxico do latim clássico, recorremos à versão hebraica com a ajuda inestimável do Prof. Nachman Falbel, que, sempre solícito, nos auxiliou a encontrar soluções adequadas e pertinentes ao texto. Há de se mencionar que o léxico greco-hebraico, publicado na edição de E.I.J. Rosenthal, foi de grande valia. Assim, nas notas de rodapé, indicamos soluções que encontramos muitas vezes lançando mão dos termos gregos da *República* e seus equivalentes hebraicos.

Não consta que o manuscrito da tradução de Elia del Medigo tenha circulado em ambientes acadêmicos. Por isso, não cabe observar o seu vocabulário para um eventual estabelecimento do vocabulário político na latinidade. Cabe, no entanto, apontar que Elia del Medigo usa termos sinônimos para um mesmo conceito, como, por exemplo, *politica* e *civitas* para corresponder à noção de "cidade" (*politeía*) da *República*; o termo *iustitia* aparece raramente, sendo *aequalitas* o mais usado para designar o conceito central dessa obra de Platão.

A tradução dessa obra de Averróis justifica-se pelo pouco conhecimento da filosofia árabe que se tem no Brasil. Além disso, ela representa um aspecto menos estudado da filosofia de Averróis, a saber, sua filosofia política. No *Comentário Sobre a "República"*, Averróis formula ideias próprias e independentes que se contrapõem à teoria política de seu antecessor, Al-Fārābī. Embora essa obra seja também um exemplo da filosofia que se desenvolveu em ambiente islâmico a partir da tentativa de conciliar as teses de Platão com as de Aristóteles, ao comentar a *República*, Averróis privilegia a filosofia aristotélica, o que faz desse tratado uma obra a ser estudada sob esse aspecto.

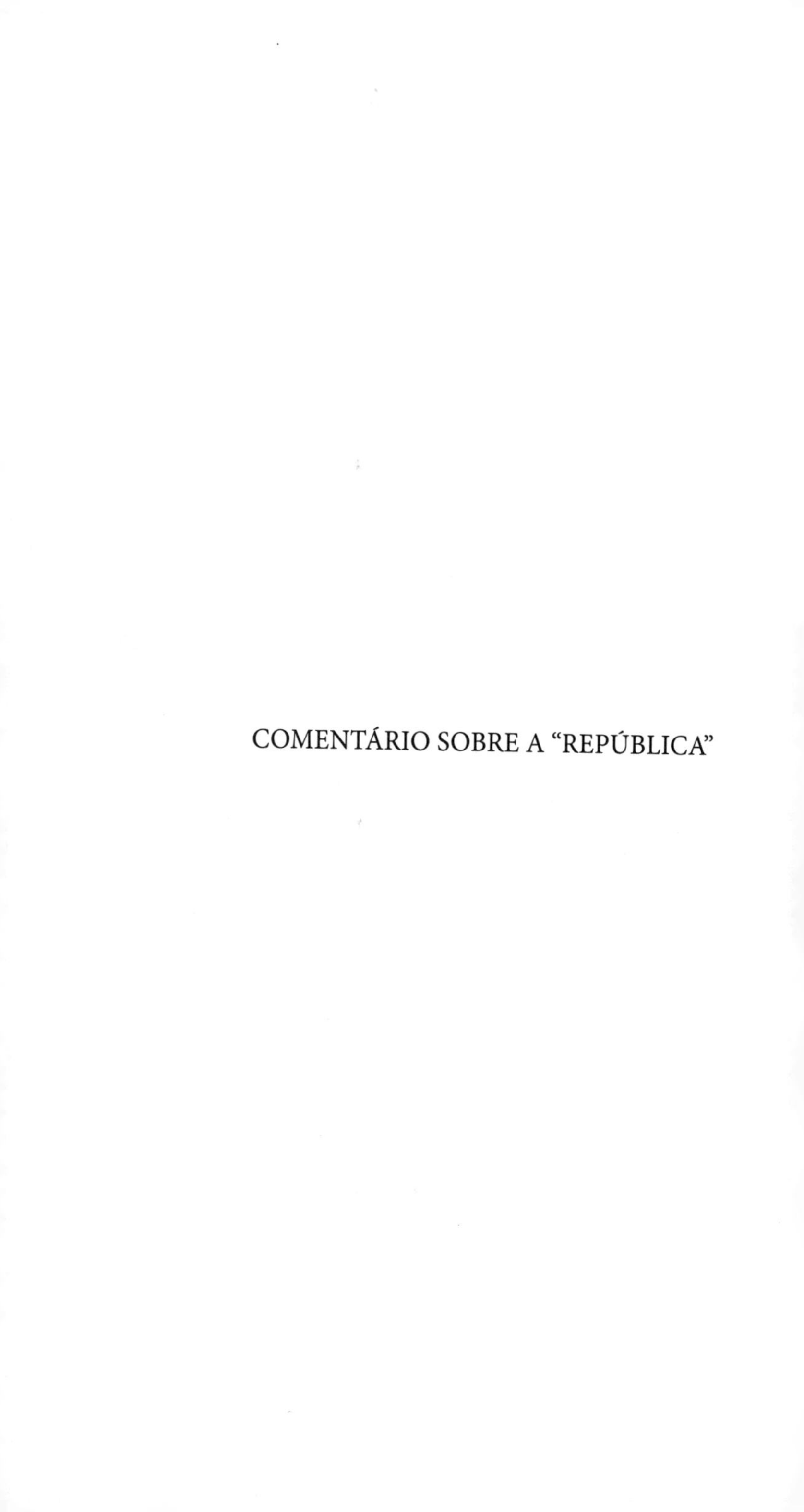

COMENTÁRIO SOBRE A "REPÚBLICA"

LIVRO I

[§ I, 1][1] Nesta exposição, a intenção é esclarecer o que contêm os discursos atribuídos a Platão em sua [ciência] política a partir dos discursos[2] científicos, deixando de lado os discursos célebres e prováveis[3] nela apresentados, buscando sempre a

1 A ordem dos parágrafos e da numeração é a mesma do texto latino: Averróis, trad. Elia del Medigo. Como não há divisão em parágrafos no manuscrito latino, os editores italianos adotaram os critérios da divisão da edição crítica de E.I.J. Rosenthal; assim, estão assinalados, entre colchetes, a seção, com algarismo romano, e a subseção, com algarismo arábico. Sobre as edições do *Comentário Sobre "A República"*, ver supra p. 18, nota 1.

2 Apud trad. Elia del Medigo: *sermones*. Na versão hebraica, lê-se o termo *ma*ᶜ*marot* (pl. fem.) [*ma*ᶜ*amar* (sing. fem.)], que corresponde a "argumentos".

3 Rosenthal e Lerner traduziram por "dialéticos" o termo hebraico *nitzuḥīm* (sing. *nitzuaḥ*), que Elia del Medigo traduziu por *probabiles*. O termo hebraico *nitzuḥīm* corresponde a *Topica*, título da obra aristotélica, e ao termo árabe *al-jadal*, que significa "a dialética", cf. Klatzkin, J. *Thesaurus Philosophicus linguae hebraicae et veteris et recentioris*. Berlin: Eschkol A-G., 1930, 3 v., pars III, p. 62. Salientamos e agradecemos a valiosa contribuição do Prof. Nachman Falbel, que, com solicitude, indicou-nos as fontes que propiciaram a elucidação de vários problemas no confronto da versão hebraica com a latina.

concisão[4]. Mas, tendo em vista a ordem da arte[5], devemos antes apresentar uma introdução em que a ciência[6] está organizada conforme a ordem[7].

De fato, Platão compôs esse livro depois de publicar outros sobre essa ciência. Exporei também algumas utilidades dessa ciência, sua interpretação e suas partes. [§ 2] Digo que é manifesto que essa ciência, que é chamada ciência operativa[8], distingue-se em si das ciências especulativas. De fato, o seu campo de investigação[9] é diverso de qualquer campo de investigação das

4 "Intentio in hoc sermone est declarare illud quod continent sermones attributi Platoni in sua politica ex sermonibus scientificis, ac dimittere semones famosos et probabiles in ipsa positos, intendendo semper brevitate." Trad. Rosenthal I.i.1; trad. Lerner 21:1; trad. Cruz Hernández, p. 3. Ao mencionar *sermones probabiles* em contraposição a *sermonibus scientificis*, Averróis alude ao ensinamento de Aristóteles, que, em *Tópicos* I, 1, 100a, define o silogismo dialético como o que "conclui a partir de proposições geralmente aceitas (*éndoxoi*)" e que, em *Refutações Sofísticas* 2, 165b, define os argumentos dialéticos como "os que concluem, a partir de premissas prováveis, a contradição da tese dada". Para Aristóteles, a dialética é o método de investigação que refuta um argumento, embora não se ocupe da veracidade das premissas. Trata-se mais de um exercício de discussão que não traz certeza alguma, já que seu fundamento é a opinião e seu resultado está de acordo, ou não, com a opinião dos debatedores (cf. *Tópicos* I, 1, 100a). Embora a dialética prepare o intelecto para as disputas usuais, para Aristóteles ela não contribui para o conhecimento obtido apenas por meio dos argumentos apodíticos (demonstrativos), tal como está exposto nos *Analíticos*. Esse é o sentido atribuído à intenção de Averróis ao pretender excluir de seu *Comentário Sobre a "República"* os *sermones probabiles* e utilizar apenas os científicos (ou demonstrativos).

5 Apud trad. Elia del Medigo: *doctrina*, que pode ser traduzida por arte (no sentido de disciplina), ciência, teoria ou doutrina.

6 Apud trad. Elia del Medigo: *doctrina*. Ver nota anterior.

7 Apud trad. Elia del Medigo: "debemus praeponere propositionem qua ordinatur doctrina secundum ordinem".

8 Equivale à ciência prática. Segundo Richard Bodéüs, a expressão "filosofia prática", jamais usada por Aristóteles, é uma "confusão introduzida pela tradição, pois ela transfere para a *filosofia* uma distinção que, na verdade, Aristóteles fez com relação à *ciência*" [Bodéüs, R. *Aristote*. Paris: J. Vrin, 2002, p. 22 (grifo do autor)]. A distinção entre ciência teorética e ciência prática, e entre estas e a ciência poética/produtiva, permite opor um saber teorético, ou contemplativo, às formas de saber prático e produtivo [Aristóteles. *Tópicos* VIII, 1, 157a 11; com relação à atividade intelectual, ver id. *Metafísica* VI, 1, 1025b 5 et seq.: "Toda operação do pensamento (*diánoia*) é prática (*praktiké*), produtiva (*poietiké*) ou teorética (*theoretiké*)"]. Para Aristóteles, no entanto, essa diferença consiste fundamentalmente no fato de o conhecimento teorético ter por objeto os entes cujas causas estão neles mesmos, como os astros e os corpos naturais no mundo, ao passo que o conhecimento prático e o poético/produtivo têm por objeto, respectivamente, a ação executada e o objeto produzido, cujas causas estão no agente executor que age ou produz [cf. Bodéüs, op. cit., p. 23].

9 Apud trad. Elia del Medigo: *subiectum*.

ciências especulativas, e os seus princípios são distintos dos princípios destas.

[§ 3] Com efeito, o campo de investigação dessa ciência (i.e., a política) são as coisas voluntárias, cujo exercício está em nós, e os princípios dessas coisas são a vontade e a escolha, assim como o princípio da ciência natural é a natureza, e seu campo de investigação são as coisas naturais, e o princípio da ciência divina é Deus, e seu campo de investigação são as coisas divinas.

[§ 4] Além disso, essa ciência é diversa das ciências especulativas porque o fim destas é somente o conhecer, e, se algo se faz por meio delas, isso se dá por acidente, assim como ocorre em muitas coisas que os matemáticos consideram. Ora, o fim dessa ciência é só o operar, embora suas partes, ao induzir à operação, sejam diversas conforme a proximidade e o afastamento, [§ 5] isto é, quanto mais universais são as regras dadas nessa ciência, tanto mais remotas elas são no sentido de induzir à operação. Quando, porém, são menos universais, mais próximas são.

Também na medicina encontra-se um propósito semelhante a esse e, por isso, os médicos chamam a primeira parte da arte da medicina de teorética, e a segunda, de parte prática[10]. [§ 6] Por causa desse propósito, essa arte está dividida em duas partes: a primeira contém, em um discurso geral, os hábitos, as operações voluntárias e as condutas gerais; nela esclarecem-se a relação de alguns deles com outros e quais destes hábitos têm em vista outros.

Na segunda parte, entretanto, esclarece-se como esses hábitos se formam nas almas e qual deles é ordenado a outro, de maneira que uma operação seja proveniente do hábito do modo mais perfeito que possa haver e que hábito impede um outro. E, em geral, nessa parte estão indicadas as coisas que, quando unidas com propósitos gerais, são possíveis de executar.

[§ 7] Ora, na arte da medicina, a relação da primeira parte dessa ciência com a segunda parte é a relação do *Livro Sobre a*

10 Apud trad. Elia del Medigo: *practicam*.

Saúde e a Doença com o *Livro Sobre a Preservação da Saúde e a Remoção da Doença.* [§ 8] A primeira parte dessa arte (i.e., a política) está registrada no livro chamado [*Ética*] *Nicomaqueia*, de Aristóteles; a segunda, em seu *Livro Sobre a Política*, mas é nesse livro de Platão que pretendemos explicá-la, pois o livro de Aristóteles sobre a política não chegou a nós[11].

[§ 9] Antes de começarmos a explicar qualquer um dos discursos contidos nesse livro, devemos apresentar as coisas que realmente são dessa parte, já explicadas na primeira parte como fundamento e apoio para o que aqui pretendemos dizer.

[§ 10] Digo, pois, que já está esclarecido na primeira parte dessa ciência que as perfeições[12] humanas gerais são conforme quatro espécies, a saber, perfeições especulativas e perfeições cogitativas, perfeições morais e perfeições operativas[13], e que todas estas perfeições têm em vista as especulativas e dispõem em relação a estas, tal como as coisas que são para o fim se dispõem tendo em vista o fim[14].

11 Com essa declaração, Averróis aceita a divisão da ciência política em duas partes: a teórica, que concerne à ética, e a política propriamente, que concerne à prática política apresentada na *República*, de Platão, e na *Política*, de Aristóteles.

12 Na versão hebraica aparece "perfeições": *shlemuyōt enoshiōt* (perfeições humanas) [*shlemuyōt* (pl.), *shlemut* (sing.)] no lugar de "virtudes": *ma*ᶜ*alōt* (pl.), *ma*ᶜ*alá* (sing.). Há, pois, em hebraico, dois termos distintos para significar "virtude" e "perfeição". Para Aristóteles, há dois tipos de perfeição: *entelékheia* e *teleiótes*, ambos traduzidos em árabe por *istikmāl* (ou *kamāl*).

13 No texto hebraico, lê-se *melaḥōt ma*ᶜ*asiōt*, que significa "artes práticas". Elia del Medigo preferiu traduzir por *perfectiones operativae*. A expressão "artes práticas" também traduz o árabe *al-ṣinā*ᶜ*āt al-*ᶜ*amaliyya.*

14 Trad. Mantino 336c: "Dicendum est ergo (ut in prima huius scientiae parte explicatum est) quatuor esse humanarum perfectionum genera contemplativas, scilicet virtutes, et excogitativas, seu industrias (Mechanicas Graeci vocant) itemque morales, et artes practicas seu operarias vel manuales dixeris: quae omnes contemplativarum gratia adinuentae sunt, ad easque, veluti praeludia quaedam, et apparatus habentur". ["Foi, portanto, dito (como foi explicado na primeira parte dessa ciência) que são quatro os gêneros de perfeições humanas: a saber, as virtudes contemplativas, as cogitativas e as ativas (os gregos as chamam de mecânicas] e também morais, e as artes práticas e operativas, ou poderiam ser chamadas manuais. Todas foram descobertas graças às contemplativas e são tidas como prelúdio e preparação para elas.") Essa passagem remete-se ao opúsculo *Obtenção da Felicidade* (*Taḥṣīl al-Sa*ᶜ*āda*), em que Al-Fārābī inicia sua exposição afirmando: "As coisas humanas pelas quais as nações e os cidadãos alcançam a felicidade nesta vida e a suprema felicidade na vida por vir são de quatro tipos: virtudes teoréticas (*al-faḍā'il al-naẓariyya*), virtudes reflexivas (*al-faḍā'il al-fikriyya*), virtudes morais

[§ II, 1] Foi também esclarecido, na mesma passagem, que ou não é possível que alguém seja perfeito conforme todas essas perfeições ou, se isto for possível, é muito difícil. Mas isto pode ocorrer com frequência em muitos homens. Parece também que não é possível que alguém seja perfeito conforme alguma perfeição dentre essas perfeições, a não ser que seja ajudado por todos os outros, e que, assim, o homem precisa dos outros para obter sua perfeição. Por isso, o homem é naturalmente um animal político[15]. [§ 2] Ora, não se precisa só disso nas perfeições humanas, mas também nas coisas necessárias à vida, e são coisas nas quais os homens têm participação e, de um outro modo, os demais animais, como na obtenção dos alimentos e roupas e, de maneira geral, de qualquer coisa inerente ao homem por causa das virtudes apetitivas ou vitais que há nele, [§ 3] porque essa carência muda de diversos modos ou conforme a necessidade, ou seja, que não pode ser de outro modo, por exemplo, não acontece que um homem isolado tenha tudo de que carece para a nutrição, a moradia e o vestuário ou conforme o modo mais fácil. Por exemplo, é possível que Platão[16] não are a terra e não semeie, mas vive de modo mais fácil ou conforme o melhor modo quando foi ele próprio quem arou e semeou.

[§ 4] Quando alguém, desde a infância, acostumou-se a alguma arte, e nela permaneceu por muito tempo, exerce então melhor aquela arte. Essa é uma das causas pela qual Platão foi

(*al-faḍā'il al-ḫulkiyya*) e artes práticas (*al-ṣinā*ᶜ*āt al-*ᶜ*amaliyya*)". Al-Fārābī. *Kitāb Taḥṣīl al-Sa*ᶜ*āda* (Livro da Obtenção da Felicidade). (Texto árabe.) Introdução, comentário e explicação por Dr. ᶜAlī bu-Milhem. Beirut: Dār wa Maktabat al-Hilāl, 1995, p. 25; id. *The Attainment of Happiness* (*Taḥṣīl al-Sa*ᶜ*āda*). Tradução (inglesa) de Muhsin Mahdi. In: *Alfarabi. Philosophy of Plato and Aristotle*. (1962[1]). Translated with an introduction by Muhsin Mahdi. Revised edition: foreword by Charles E. Butterworth and Thomas L. Pangle. Ithaca (NY): Cornell University Press, 2001[3], p. 13. Comparar com Aristóteles, *Ética Nicomaqueia* I, 13, 1103a 3-10; VI, 1138b 35 – 1139a 1: as virtudes dividem-se em virtudes intelectuais e virtudes morais.

15 Averróis afirma o princípio aristotélico: *Epeidè phýsei politikòn hò ánthropos* (O homem é político por natureza). Cf. Aristóteles. *Ética Nicomaqueia* I, 5, 1097b 11; *Política* I, 2, 1253a 2.

16 Apud trad. Rosenthal: Zaid [I.ii.3]; apud trad. Lerner: Zayd [22:20-24]; apud trad. Mantino: *hominem quemvis* [336E].

levado a crer que ninguém na cidade[17] deve esforçar-se senão em apenas uma arte, como será dito depois. E, por isso, não é possível alguém exercer mais de uma arte ou, se for possível, não está de acordo com o que é melhor.

[§5] Uma vez que é impossível que as perfeições humanas se perfaçam – a menos que distintas em determinados homens –, todos os indivíduos dessa espécie são, por isso, diversos em suas disposições conforme a diversidade dessas perfeições.

Se, de fato, qualquer um deles fosse apto e lhe fosse possível ter todas as perfeições humanas, a natureza teria então feito algo em vão[18]. Com efeito, é impossível que haja algo possível cuja realização no ato permaneça em potência. [§6] Isso já está esclarecido na ciência natural e, conforme esse modo, está comprovado no ser dos homens pelo sentido[19], e isso está mais claro nas perfeições nobres. De fato, ninguém é soldado ou poeta e, sobretudo, filósofo conforme sua disposição. [§7] Sendo tudo isso como foi dito, deve haver aqui uma reunião de homens perfeita em todas as perfeições humanas, de maneira que se entreajudem em suas perfeições, a saber, aquele que tem uma perfeição pequena segue o que tem a perfeição perfeita, assim como a disposição segue a coisa de que é disposição e o mais perfeito segue ou ajuda o pequeno porque lhe dá os princípios de sua perfeição, [§8] por exemplo, a arte equestre e a arte de fabricar freios. Com efeito, a arte da fabricação de freios serve à arte equestre como disposição, e a arte equestre dita-lhe como o freio deve ser feito para que seja melhor; e assim se associam para uma única intenção[20]. [§III, 1] Na primeira parte[21] já foi dito de quantos modos uma arte comanda outra. Quando não houver tal associação, as perfeições

17 Elia del Medigo usa o termo *politica* com o significado de "cidade"; raramente usa *civitas*.

18 "A natureza não faz nada em vão", princípio aristotélico que Averróis retoma. Cf. Aristóteles. *Política* I, 2, 1253 a 9; I, 8, 1256b 21-22; *De Caelo* I, 4, 271a 33; *De Anima* III, 9, 432b 20; *Partes dos Animais* II, 13, 658a 8.

19 Apud trad. Elia del Medigo: "Et sensu testificatur". Segundo a tradução inglesa de Rosenthal, "and experience attests".

20 O exemplo é de Aristóteles. *Ética Nicomaqueia* I, 1, 1094a 9-15.

21 Isto é, na primeira parte da ciência política, a ética.

humanas ou não se perfazem ou o seu êxito é pequeno. [§ 2] E, em geral, a relação de todas essas perfeições com as partes da cidade é a relação das potências da alma com as partes de uma alma; assim como essa cidade é sábia por uma parte que há nela, a especulativa, e domina todas as outras partes, do mesmo modo o homem é sábio pela parte racional e por meio dela domina todas as partes da alma, a saber, as potências associadas com o racional, isto é, a potência irascível e a apetitiva. De fato, conforme essa associação e domínio, as virtudes morais estão presentes nessas potências (i.e., na irascível e na apetitiva).

[§ 3] Com efeito, [alguém] move-se para a coisa para a qual deve mover-se conforme a medida que o intelecto julga e no tempo conforme com o que julga. E é também corajoso[22] pela parte irascível, no lugar, porém, em que essa ciência julga e no tempo em que julga e na medida conforme julga. [§ 4] De fato, o homem é corajoso pela parte irascível conforme se serve da mesma que é julgada pelo intelecto, no tempo em que julga e na medida conforme julga. [§ 5] Assim é a disposição da abstinência e da castidade[23] e de qualquer virtude; de modo geral, é perfeito de acordo com todas as virtudes cogitativas e morais; e o primado nela (i.e., na virtude) se dá de acordo com o primado daquelas virtudes (i.e., cogitativas e morais) para com a própria virtude. [§ 6] E essa é a equidade[24] que Platão investigou no primeiro de seus livros e esclareceu no quarto.

Com efeito, ela (i.e., a equidade) não é outra coisa senão que qualquer homem que nasça na cidade realize uma atividade que lhe é natural conforme o melhor modo com que possa realizar.

22 Apud trad. Elia del Medigo: *fortis*. Traduzimos por "corajoso" porque condiz mais com a *República*.

23 Apud trad. Elia del Medigo: *abstinentia et castitate*. Equivale à moderação ou temperança (*sophrosýne*) na *República*.

24 Apud trad. Elia del Medigo: *aequalitas*; corresponde à justiça na *República*. Na Introdução à edição latina do *Comentário Sobre a "República"*, os editores Coviello e Fornaciari dão alguns exemplos das equivalências de termos hebraicos, latinos e gregos. O termo hebraico *shiwuy*, equivalente ao grego *dikhaiosýne*, que significa "justiça", foi traduzido por Elia del Medigo por *aequalitas*. Como mais adiante, em § XII, 5, Elia del Medigo usa *iustitia*, optamos por traduzir, conforme à letra, por "equidade".

[§7] Isto ocorre quando as outras partes são obedientes ao que a ciência especulativa e os senhores dela ordenam; e, a partir disso, fica claro que essa parte é o senhor dessa cidade, a saber, os filósofos especulativos, assim como a equidade numa alma ocorre quando qualquer parte dela opera de acordo com o que deve e conforme a medida adequada e no tempo adequado em que deve operar-se. Ora, isso se dá por necessidade quando o intelecto domina as partes da alma; assim também é a disposição da alma na cidade.

[§ IV, 1] Devemos saber que algumas dessas perfeições são atribuídas à cidade porque são partes dela, assim como a ciência e a coragem; algumas lhe são atribuídas porque estão em todas as suas partes, tal como a equidade e a moderação; e isso está claro pela disposição delas. [§2] Por outro lado, se a liberalidade está em todas as partes dessa cidade ou em alguma parte, consideraremos depois; de fato, isso precisa ser considerado.

[§3] Sendo tudo isso como foi dito, e já foi explicado na primeira parte dessa ciência quais são essas virtudes, o que resta aqui para que se complete o conhecimento sobre elas são, além disso, três [pontos]. [§4] Um deles é conhecer as condições que são contrapostas em qualquer modo em que é possível agir; por exemplo; foi dito o que é a coragem pura e simplesmente: é a disposição mediana entre a pusilanimidade e a audácia, hábito conforme o qual é dito que alguém deve predominar[25] segundo a medida adequada e segundo o tempo adequado. Mas a essa definição devem ser acrescentadas condições particulares quando queremos agir. Caso contrário, não é possível agir corretamente. Ora, o fim desse conhecimento é, como diz Aristóteles, o fazer, e não o conhecer[26].

25 Apud trad. Elia del Medigo: "habitus secundum quem dicatur homo super illud cui dominari debet [...]". Trad. Mantino 337B: "Verbi gratia exempli, si quaeritur quid sit Fortitudo, simpliciter respondebimus quidem, eam esse in anima quendam affectus, medium inter audaciam et timiditatem, habitumque per quem quis, ubi, quatenusque et quando opus est fortiter se gerit". ("Por exemplo, caso se questione o que é a coragem simplesmente, responderemos que ela é, na alma, um certo afeto mediano entre a audácia e a timidez, e hábito pelo qual alguém corajosamente age, onde e até que ponto e quando.") Cf. Aristóteles. *Ética Nicomaqueia* II, 7, 1107b 1-4.

26 Aristóteles. *Ética Nicomaqueia* I, 1, 1095a 6: *tò télos estìn ou gnôsis allà prâxis.*

[§ 5] Além disso, o segundo [ponto] é quando essas perfeições são adquiridas na alma das crianças e nelas cresce o êxito, e, quando são perfeitas, de que maneira as preservarão e, também, de que maneira afastam os vícios das almas dos maus. De modo geral, a disposição nisso é como a disposição na arte da medicina; assim como a última parte da medicina contém e explica de que modo ocorre nos corpos o aumento referente à saúde, de que modo as doenças permanecem neles e de que modo são deles removidas quando se afastarem da saúde, assim é a disposição nisso. [§ 6] O terceiro [ponto] é que se esclareça que hábito e que virtude, quando unida a uma outra virtude, [levam à] mais perfeita operação daquela virtude, e que hábito impede outro hábito. Com efeito, assim como o médico diz qual disposição no corpo unida a uma outra disposição leva à saúde e a preserva, assim também é essa disposição. [§ 7] E tudo isso podemos saber ao conhecer as perfeições dentre aquelas perfeições e aquela a que se visa por meio delas, na medida em que são partes da cidade, assim como a conservação da saúde dos membros e a restauração dela nos mesmos é conhecida, na maioria das vezes, pelo conhecimento da relação deles (i.e., dos membros) com os demais membros e a distinção deles em relação aos outros [membros]. [§ V, 1] Como tudo isso está esclarecido, prosseguimos explicando e [revelando] a via pela qual a virtude é produzida na alma dos cidadãos. Assim, deves saber que isso não pode ser dito de modo completo por meio de um discurso. De fato, um discurso não é suficiente para produzir virtudes nas cidades e nos povos, a não ser que a ele se acrescente a potência cogitativa, como na arte da medicina.

[§ VI, 1] Por isso se diz, a respeito do governo das cidades, que o governo deve ser [exercido] pelos velhos: neles, por um longo tempo, junta-se à ciência especulativa uma longa experiência, assim como a medicina se perfaz quando a virtude cogitativa for unida ao conhecimento dos universais da arte, que não variam, para que os realize nas matérias por meio da experiência. E tudo isso está explicado na primeira parte dessa ciência. Retomemos aquilo a que nos dirigíamos.

[§ VII, 1] Digamos que o princípio pelo qual Platão começou, em seu discurso, a respeito da produção dessas virtudes é a virtude da coragem; e, como dissemos a respeito da via dessa virtude nos cidadãos, do modo mais perfeito que pode ser e de como conservá-la neles, consideremos, em primeiro lugar, qual é a intenção nas operações dessa virtude nessa cidade. [§ 2] Digamos que as vias para haver aquelas virtudes nas almas dos cidadãos[27] são, de modo geral, duas: uma delas é que se tornem habituais aquelas operações nas almas deles por meio de discursos retóricos e poéticos. E isso é apropriado para o vulgo quanto aos conteúdos nas ciências especulativas. [§ 3] Mas, quanto aos homens ímpares e perfeitíssimos, a via para a aquisição das ciências especulativas, entre eles, são as verdadeiras vias demonstrativas, como será dito depois. [§ 4] Mas é preciso que, para o vulgo, a via do aprendizado, a respeito do conteúdo na ciência, sejam as vias retóricas e poéticas[28], pois eles (i.e., os cidadãos) estão nisto entre dois [modos]: ou que as conheçam por meio de discursos demonstrativos ou que não conheçam de modo algum. Ora, o primeiro é impossível, o segundo, porém, não é adequado. De fato, da perfeição humana cada homem deve adquirir mais do que pode adquirir conforme a sua natureza e conforme o que lhe é adequado.

[§ 5] Além disso, crer no que é solicitado a crer a respeito do princípio primeiro e do fim, do modo como é possível em sua natureza crer neles, auxilia-o naquilo para o que se dispõe a respeito das demais virtudes morais e das artes científicas. [§ 6] Mas a aquisição das virtudes morais e das artes operativas por meio dessa primeira via se dá também quando eles (i.e., os cidadãos) são dirigidos para as operações daquelas artes e

27 Apud trad. Elia del Medigo: *hominum civilium*.

28 Esta é a tese de Averróis exposta no *Discurso Decisivo* (*Faṣl al-Maqāl*) §§ 16; 51; 52; 55. Averróis. *Discurso Decisivo*. Tradução (portuguesa) do árabe por A.R. Hanania. Introdução de A. de Libera. São Paulo: Martins Fontes, 2005.

virtudes por meio de duas entre as espécies de discursos, a saber, os discursos persuasivos[29] e os que agitam as paixões que os levam às virtudes. [§ 7] Essa primeira via do ensino é, na maioria das vezes, adequada aos que, nessa cidade, são educados nessas coisas desde a infância. Das duas vias do ensino, essa é a via que percorre o curso natural.

[§ 8] Por outro lado, a segunda via é a que se dá com os inimigos, com os maus e com os que não estão acostumados a obedecer às virtudes. Isso se faz por meio de reprimendas, açoites e semelhantes. Está manifesto que não se encontra essa via nos cidadãos da cidade excelente, e, se for o caso, está à margem da arte que é maior ao incluir isso pelo ódio, que é a arte do combate.

[§ 9] Mas, quanto aos demais povos que não são bons e nem suas vias são humanas, não há via para ensiná-los, a não ser esta, a saber, pelo combate. Ora, a disposição que há nessas duas vias – que percorrem o curso da natureza no ensino do vulgo – é manifesta por aquilo que fazem os pais de família na direção dos membros da casa deles, isto é, das crianças, dos jovens e dos servos. [§ 10] E assim também como fazem os dirigentes das cidades que não são boas, ao punir seus cidadãos com desonras, chicotadas e, às vezes, com a morte. Isso, porém, raramente acontece na cidade que descrevemos, ou seja, daquele modo já mencionado; mas, para os demais povos, os que estão fora dela, isso ocorre necessariamente. No entanto, com os povos rudes, isso não pode ocorrer, senão por meio do combate. [§ 11] Assim é a disposição nas leis que procedem conforme às leis humanas, como a nossa Lei divina[30]. Pois são duas as vias pelas quais ela conduz a Deus: uma delas, por meio do discurso que os encoraja, outra, sem dúvida, pelo combate. [§ VIII, 1] E porque essa

29 Apud trad. Elia del Medigo: *sermones sufficientes*. Optamos por traduzir por persuasivos, conforme a tradução de Lerner 25:25-30, porque faz mais sentido na argumentação, já que Averróis está se referindo a dois tipos de argumentos retóricos: os que persuadem e os que comovem. Ver Aristóteles. *Retórica* I, 2; II, 1.

30 Averróis se refere à Šarīʿa, a Lei islâmica, derivada do *Corão* e do Ḥadīṯ (compilação de ditos e feitos de Muḥammad, o profeta fundador do Islã).

arte particular só se perfaz pela virtude moral, por meio da qual se aproxima de quem deve, no tempo em que deve e conforme a medida que deve, que é a virtude da coragem, essa operação nas disposições das cidades excelentes necessariamente dispõe para tal ato. Ora, essa virtude se revela a partir de sua disposição que não completa a sua operação, a não ser quando uma arte particular a ela se associa, donde isso ser encontrado em muitas virtudes morais e artes operativas. [§2] De fato, é manifesto a respeito de muitas virtudes que elas são tendo em vista as artes, e muitas artes, tendo em vista as virtudes.

Isso é o que Aristóteles admitiu sobre o combate que a cidade excelente empreende, segundo o que relatou Al-Fārābī. [§3] Descobrimos, porém, que o que Platão diz é o oposto, pois essa parte nele não tem em vista esse fim, mas tem em vista ou a necessidade, segundo a primeira intenção, para que tomem os seus recursos das demais cidades incorretas, ou tem em vista uma intenção secundária melhor, isto é, para que preservem a cidade do mal que, vindo do exterior, pode acontecer-lhe.

[§4] Essa opinião seria apropriada se houvesse um único gênero de homens, a saber, inclinado às perfeições humanas e, sobretudo, às especulativas. Parece que esta era a opinião que Platão sustentava sobre os gregos. Ainda que admitíssemos que, na maioria das vezes, estes são aptos para a aquisição das ciências, não podemos negar que haja muitos [outros] homens que, como os gregos, são aptos para a aquisição das ciências.

Com efeito, tal é o que se opina sobre a nossa terra, isto é, a Andaluzia, e sobre o Egito, embora isso se encontre mais na terra dos gregos.

[§5] Ademais, embora admitíssemos tudo isso, talvez alguém diga que não é impossível que, dentre as demais virtudes, esta ou aquela espécie seja naturalmente apta, na maioria das vezes, para esta ou aquela virtude, por exemplo, a parte científica mais entre os gregos, a irascível, mais em outros lugares. [§6] Mas nisso há uma grande dificuldade. De fato, parece que onde frequentemente se encontra a parte científica, devem encontrar-se as demais virtudes conforme o modo mais conveniente e ordenado, falo da ordem natural. Mas, de qualquer modo, a maior parte dos homens está apta para que se encontrem neles essas virtudes e que se distribuam entre eles, sobretudo em dois climas iguais, isto é, o quarto e o quinto[31]. [§ 7] Parece que poderia ser dada alguma razão a favor de Platão: com efeito, é possível que os homens sejam virtuosos quando são educados, desde a infância, de acordo com tais virtudes. Mas, quando os costumes deles são corrompidos durante um grande tempo, isso lhes é impossível. Já que isso é assim, não podemos, portanto, dizer que o fim é que esses homens sejam reconduzidos ao [bom] governo. Mas, se isso fosse verdadeiro, poderia acontecer em relação aos filhos deles. [§ 8] Além disso, não é impossível que muitos que já ultrapassaram a idade da juventude ou da infância adquiram de algum modo as virtudes sobretudo quando foram educados de acordo com um regime muito próximo da virtude.

Além do mais, se isso não lhes for possível, eles estariam diante de uma alternativa: ou serem mortos ou tornarem-se servos; o nível deles, na cidade, torna-se o dos animais irracionais. [§ IX, 1] Ora, depois que, neste discurso, foi explicada a intenção nas guerras justas, devemos prosseguir com cada uma das asserções de Platão, ao escolhermos aquelas naturezas dispostas para aquelas virtudes, o artifício[32] para que essas virtudes se tornem

31 Conforme a maioria dos antigos cosmógrafos muçulmanos, o mundo habitado compreende uma faixa do hemisfério setentrional do globo terrestre, cuja extensão de aproximadamente 180 graus de longitude localiza-se entre 10 e 50 graus de latitude norte. Essa faixa subdivide-se em sete zonas climáticas (*aqālīm*, pl. de *iqlīm*, derivado do grego *klíma*), numeradas progressivamente de sul a norte. Ao quarto clima, o mais temperado, pertencem a Península Ibérica, a Grécia e parte do Irã; segundo Averróis, porém, a Península Ibérica pertenceria ao quinto clima, e a África setentrional, ao quarto clima. Essa ideia da subdivisão em sete zonas climáticas é de origem grega. Na antiga subdivisão grega, que compreende toda a superfície terrestre, atribuída por Posidônio a Parmênides, a Terra está dividida em cinco zonas climáticas, análogas às atuais: duas zonas polares, duas temperadas, uma equatorial. Posidônio introduziu junto aos trópicos duas outras zonas com características diversas, resultando em sete zonas. A divisão de Políbio compreende seis zonas: duas polares, duas temperadas e duas equatoriais. Estrabão concorda com Posidônio (*Strabonis Geographica* II). Cf. Carusi, P. In: Ibn Ṭufayl. *Epistola di Ḥayy ibn Yaqẓān*. Introdução, tradução italiana e notas de P. Carusi. Milano: Rusconi, 1983, p. 52-53, nota 58.

32 Apud trad. Elia del Medigo: *ingenium*.

hábitos nas almas deles e os acostumem a elas, de maneira que as operações que provenham deles sejam consoantes àquela virtude na máxima perfeição. [§2] Digamos, portanto, que a Platão parece que ninguém na cidade deve exercer mais de uma única arte, tampouco ser instruído senão em uma única arte. De fato, não é qualquer um que está naturalmente apto para adquirir mais de uma arte.

Ainda, alguém adquire uma habilitação pela qual a operação é mais bem feita quando for educado com a própria habilitação na infância, embora isso não se perfaça em alguns jogos e brinquedos, por exemplo, no jogo de bola e na corrida de cavalos, exceto quando há continuidade neles (i.e., nos jogos e brinquedos) e quando estes são desenvolvidos neles (i.e., nos cidadãos) desde a infância; com maior razão, isso deve ocorrer na arte bélica dos guardiões[33]. Além disso, muitas artes exigem para si um tempo certo, e, às vezes, os tempos coincidem; por isso, se alguém exerce mais de uma arte, [algumas] operações ficam impedidas. [§3] E, só por isso, Platão acreditava que os guardiões deveriam renunciar às demais artes. Assim, parecia-lhe que, na escolha das naturezas que são aptas para tal operação, deveria haver essas condições, a saber, que [o guardião] seja vigoroso quanto ao corpo, veloz no mover-se e com sentidos aguçados, de tal forma que, imediatamente quando percebe alguma coisa, move-se velozmente para investigá-la e a toma para si, como é o costume em um cão de caça. De fato, não há diferença entre essas duas naturezas mencionadas em relação àquilo de que precisamos para a defesa. Essas são as disposições do corpo que devem ter os guardiões e os matadores de homens [na guerra][34]. [§4] Mas as virtudes da alma devem estar naquele que é naturalmente irascível. De fato, aquele que não se enraivece não se acirra nem expulsa; nisso, a disposição do homem é como a disposição dos demais animais; parece, contudo, que é difícil a alguém acolher a amizade e o ódio

33 Apud trad. Elia del Medigo: *armigerorum* (portadores de armas). Preferimos traduzir por "guardiões", pois condiz mais com o texto de Platão.

34 Apud trad. Elia del Medigo: *homicidae*.

se foi criado de acordo com esses costumes do corpo e da alma. [§5] Ora, nesses homens devem estar reunidas duas coisas opostas: uma delas, que tenham amizade extrema com os membros da cidade[35] e que seus corações como que ardam, quanto lhes é possível, em defesa dos membros da cidade, mas também que tenham ódio [na luta] contra os inimigos. Por isso, julga-se que é impossível que um homem seja naturalmente criado de acordo com essas duas disposições.

Ora, um guardião não é um bom guardião se nele não estiverem reunidas essas duas disposições. Observa-se, porém, a possibilidade disso, que julgamos impossível, em muitos animais, [§6] por exemplo, um cão vigoroso e cruel tem tal natureza. De fato, ele se aproxima muito de quem o conhece e lhe faz bem. Mas, em relação a quem não conhece, tem uma atitude oposta. [§7] [Platão] disse: a respeito das condições do guardião em relação a isso, que este seja, segundo a sua natureza, amigo de quem conhece, e essa natureza é, sem dúvida, a natureza filosófica. Como efeito, quem escolhe algo por causa do conhecimento e da ciência que tem sobre isso é nobre de acordo com a sua natureza; por outro lado, odeia aquele que não conhece, não em razão de um mal que lhe foi feito por ele, mas porque não o conhece, assim como o seu amor para com aquele que [não][36] conhece não resulta do bem que antes teve por parte dele, mas porque o conhece. [§8] E essa disposição é encontrada em animais aos quais anteriormente assemelhávamos o guardião, isto é, quando vê o homem que não conhece e está perto dele, ele o odeia, ainda que nada de mal lhe tenha sido feito; e, quando vê o homem que conhece, aplaude-o e se compraz com ele, ainda que nada de bom receba dele.

Ora, estabelecemos isso na natureza dos guardiões: que neles haja disposições contrárias ao extremo, isto é, a amizade pelos que conhece, que são os membros da sua cidade, e o ódio aos que desconhece, que são os inimigos que vêm do exterior. [§9] Pois, o amor ou o ódio, cuja causa é o útil ou o nocivo, às vezes

35 Apud trad. Elia del Medigo: "cum hominibus civitatis".
36 Consta do texto, mas parece não fazer sentido.

acabam, e os que foram amigos se tornam depois inimigos, e os inimigos, amigos. E isso é manifesto por si.

[§ x, 1] Portanto, já foi explicado que os guardiões e os valentes devem ser filósofos conforme a natureza, que amem o conhecimento e odeiem a ignorância; devem ser irascíveis, velozes quanto ao movimento, vigorosos quanto ao corpo e com os sentidos aguçados. Ora, o modo como aprendem isso e habituam-se a isso ocorre por uma dupla via: uma delas é o exercício físico[37], e a outra, a música.

[§ 2] O exercício físico, a fim de que se adquira para o corpo uma virtude verdadeira; a música, a fim de que a alma se disponha de acordo como deve e se deleite com a virtude. Esta disposição é, quanto ao tempo, muito anterior à correção pela música, pois a capacidade para entender antecede a capacidade para o exercício físico. Entendo por música os discursos que expressam similitudes que estão de acordo com a devida proporção e harmonia pelas quais os membros da cidade adquirem a correção.

[§ 3] Ora, diz-se que [os discursos que expressam similitudes] comportam a ordem e a harmonia, pois, de acordo com elas, são mais perfeitos na operação e comovem mais as almas. Com efeito, a arte da música, como foi explicado, está a serviço da arte poética e se reforça por meio dela[38]. Mas os discursos pelos quais os membros da cidade são corrigidos, que estão entre as artes operativas e estão aí de diversos modos, são ou demonstrativos ou prováveis (i.e., dialéticos) ou retóricos ou poéticos. [§ 4] Ora, os discursos poéticos são mais apropriados para crianças. Quando crescem, porém, se há entre elas alguma que é disposta para ser introduzida em outro grau de ensino, isto é feito nela de tal modo que ela própria – que é apta de acordo

37 No texto latino, *fatigatio*, palavra que não pertence ao léxico do latim clássico e que corresponderia, em português, a "fatigação" (*fatigatione*[*m*]). Trad. Mantino 339B traduz por "ginástica"; preferimos traduzir por "exercício físico".

38 Apud trad. Elia del Medigo: "et intenditur per ipsam". Trad. Mantino 339C: "ut iam superius dictum, Poeticae Musica inseruit, ad illiusque prescriptum se format" ("como já foi dito acima, a música está a serviço da poesia e se molda de acordo com o prescrito por ela").

com sua natureza – consiga aprender os discursos demonstrativos daqueles que são sábios[39]. Mas quem não tem isso em sua natureza permanece naquele grau em que não pode sobressair. Isso, seja nos discursos prováveis, seja nas duas vias, que, no aprendizado, são comuns ao vulgo, e que são os discursos retóricos e os poéticos. Ora, os poéticos são mais comuns e mais apropriados às crianças.

[§5] Os assuntos especulativos são, na maioria das vezes, comuns a todos, a não ser aquilo que – tendo em vista o fim buscado na perfeição deles – julga-se que não deve ser dito ao vulgo, sobretudo a respeito de homens dos quais falamos, como se diz dos mortos que estão vivos e demais apólogos falsos. [§6] Ora, Al-Fārābī, em seu livro *Sobre a Dignidade dos Seres*[40], já enumerara os assuntos especulativos que lhes deveriam ser ditos de modo que os conduzissem às virtudes; tome isto daquele lugar e ponha-o aqui. [§7] Ora, as operações são aquelas que são explicadas nessa ciência. Com efeito, da metáfora[41] se diz: algumas são próximas, outras distantes, algumas falsas, outras verdadeiras.

Falsas, se alguém assemelhar a forma do homem à forma do boi; essas metáforas não devem ocorrer de nenhum modo naquela cidade, pois são muito nocivas. As distantes, porém, devem também ser proibidas, se for possível. Mas as metáforas próximas são as que devem ocorrer aqui, como, por exemplo, aquela em que o princípio primeiro e os princípios segundos sejam assemelhados aos princípios das cidades. [§8] Que os inteligidos[42] divinos sejam assemelhados nas operações

39 Trad. Mantino 339D: "Inter has vero Poetica erudiendis pueris maxime propria est: qui iam adulti, si qui idonei sunt, qui ad alium disciplinae ordinem sese transferant, ea certe iam ita sunt affecti, ut, si natura permiserit possint ad demonstrativas disciplinas promoveri, quo in gradu sapientes sunt". ["Mas, dentre estas, a Poética é extremamente adequada para ensinar às crianças; já adultos, se alguns deles estão aptos a se transferirem a uma outra ordem da disciplina, por certo já sob a ação dela (i.e., da Poética), de modo que possam ser promovidos para as disciplinas demonstrativas, nível em que estão os sábios."]

40 Apud trad. Elia del Medigo: *De nobilitate entium*.

41 Elia del Medigo traduz por *metaphora* os termos hebraicos *ḥiquy* e *ḥidah*, equivalentes aos gregos *mímesis* e *mýthos* respectivamente. Cf. Coviello; Fornaciari. Introduzione. In: AVERRÓIS, trad. Elia del Medigo, p. XIII.

42 Apud trad. Elia del Medigo: *intellecta*.

dos princípios da cidade, e as operações das potências e dos princípios naturais sejam assemelhadas em suas proporções a partir das potências e das artes voluntárias.

E sejam assemelhados os inteligidos disso à semelhança dos sensíveis, assim como a matéria é assemelhada por meio da privação e da obscuridade; e sejam assemelhadas as espécies de felicidade última – que é o fim das operações das virtudes humanas – [àquilo que é] semelhante nos bens, do modo como se julga ser o fim[43]; e seja assemelhada a felicidade que é a verdadeira felicidade àquela que é estimada ser a verdadeira felicidade. Em geral, o grau dos entes no ser é assemelhado aos semelhantes quanto aos graus de lugar e de tempo. [§ XI, 1] Platão diz que o que mais prejudica as crianças é ouvir, no tempo da infância, falsas narrativas. De fato, nessa época, elas estão aptas a acolhê-las facilmente conforme as intenções com que pretendem que as acolham; por isso, devemos ter muito cuidado, naquele momento, para que não se narre a elas algo das falsas metáforas. Em geral, devemos tomar muito cuidado no início do crescimento delas, pois o início de qualquer obra é muito relevante. [§ 2] Devemos evitar, como diz Platão, que as almas delas se acostumem com metáforas vis, mais ainda do que devemos evitar que os seus corpos fiquem expostos na neve; e isso [deve ser observado] quando as entregarmos às nutrizes, quando são crianças. E [Platão diz] que devemos ordenar-lhes que elas (i.e., as crianças) sejam corrigidas por elas (i.e., as nutrizes) e, depois, quando forem mais fortes, sejam moderadas nas assembleias e reuniões e nos lugares onde são feitos os sacrifícios. Ora, as narrativas falsas e torpes são infinitas. Platão enumera as que eram notórias em seu tempo e as

43 Passagem retirada de Al-Fārābī. *Taḥṣīl al-saʿāda* (Obtenção da Felicidade), § 55: "[A religião] imita as classes de felicidade – isto é, os fins dos atos virtuosos – daquilo que lhe é semelhante nos bens, que se acredita serem os fins". Al-Fārābī. *The Attainment of Happiness*. Tradução (inglesa) de M. Mahdi. In: Lerner, R.; Mahdi, M. (Org.). *Medieval Political Philosophy: A Sourcebook*. (1963[1]). Ithaca: Cornell University Press/ Agora Paper, 1972, p. 77 et seq.; Al-Fārābī. *De l'obtention du bonheur*. Trad. (francesa) de Olivier Sedeyn; Nassim Lévy. Paris: Alia, 2005, p. 85.

põe à prova. [§3] Ora, nós também o seguimos e enumeramos as que são notórias entre nós. Digamos, portanto, que, dentre essas metáforas torpes, como está explicado nas ciências especulativas, a que costuma dizer que Deus é a causa dos bens e dos males. De fato, Ele é pura e simplesmente bom, em tempo algum pratica o mal, nem é causa dele.

O discurso dos que, dentre os homens de nosso tempo, falam a respeito disso[44] é que o bem e o mal não são considerados com respeito a Deus. Todas as operações com respeito a Ele, de fato, são muitíssimo boas, e, então, o discurso [deles] é muitíssimo falso e manifesta uma autodestruição. De fato, se isso fosse assim, o bem e o mal não teriam em si uma natureza determinada, mas de acordo com a convenção e por relação; [§4] por isso, devemos atribuir o mal a outro princípio, assim como se diz dos demônios e do rei deles, embora essas metáforas também sejam ruins de um outro modo. De fato, quando a criança, no princípio da sua formação, ouvir, por exemplo, o seguinte: "há demônios que atravessam as paredes e fazem estremecer os muros sobre os homens, não podem ser impedidos pela construção de portas reforçadas, que eles (i.e., os demônios) veem e não são vistos, tomam qualquer forma que lhes agrada", não há muito que duvidar que, por causa disso, um homem não se torne um ótimo guardião. De fato, quando são semeadas nos corações das crianças, essas coisas aumentam nelas a pusilanimidade e a timidez, que se fixam nelas. Mais absurdo é também dizer acerca das inteligências que elas são representadas por formas diversas[45]. Isso, de fato, pertence às operações dos simuladores e dos escultores.

Por conseguinte, deve-se atribuir isso mais à semelhança da matéria, por exemplo, que o mal seja assemelhado à obscuridade

44 Averróis se refere aos *mutakallimūn*, teólogos muçulmanos que procuravam explicar a verdade da fé usando argumentos racionais. Sobre o *Kalām*, ver Verza, T.M. *Kalām*: A Escolástica Islâmica. In: Pereira, R.H. de S. *O Islã Clássico: Itinerários de uma Cultura*. São Paulo: Perspectiva, 2007, p. 149-175.

45 Como, por exemplo, representar as inteligências separadas por anjos (seria uma crítica a Avicena?).

e à privação. De fato, eles atribuem o mal a Deus conforme muitos modos, modos que podem ser bem compreendidos por quem se ocupar atentamente com o que disseram, [§5] e também com as metáforas que não são boas: assemelhar a felicidade ao que seja recompensa das boas operações mediante as quais a felicidade se perfaz e deixar de lado as operações mediante as quais a felicidade não se perfaz.

[§6] Ora, dizem que são punições merecidas por causa do descuido das boas operações e da execução das más operações. Com efeito, as operações provenientes de tais similitudes são mais vícios do que virtudes. De acordo com isso, aquele que é moderado[46] abstém-se de um prazer para obter um prazer maior. Também o corajoso[47] não será corajoso porque vê que a morte é um bem, mas porque teme um mal maior para ele próprio.

E assim também é a atitude no homem generoso ou justo[48]. De fato, ele não deixa de usurpar as riquezas dos homens porque vê que isso não deve ser feito, mas as deixa de lado para que elas lhe cheguem em dobro. [§7] E também será movido para muitas virtudes nobres em razão das menos nobres, porque a maior parte da similitude a respeito do bem merecido refere-se aos prazeres sensíveis[49], de modo que alguém seja corajoso e justo[50], verídico e dotado das virtudes para que possa fazer sexo, comer e beber. Isso tudo é manifesto para quem está habituado com as ciências. Parece, de fato, que as disposições provenientes de tais similitudes na alma são disposições semelhantes às disposições dos que se contêm[51], não que sejam virtudes, mas eles devem crer que a felicidade provém de operações das quais provém a

46 Isto é, o moderado ou temperante. Apud trad. Elia del Medigo: *abstinens*.

47 Apud trad. Elia del Medigo: *fortis*.

48 Apud trad. Elia del Medigo: *liberali vel aequali*.

49 Trad. Mantino 340c: "Sic ergo maior figmentorum pars, quae virtutis mercedem exprimunt (ut inquit ipse) sensibilibus illecebris explicata est [...]". ("Assim, portanto, a maior parte das representações que expressam [a recompensa pela virtude] é explicada [como ele diz] por atrações sensíveis.")

50 Apud trad. Elia del Medigo: *fortis et aequalis*.

51 Apud trad. Elia del Medigo: *continentium*. Averróis refere-se aos moderados ou temperantes (*sophroí*), como está na *República*.

saúde nas almas pelos alimentos e remédios. Assim também acerca da falta, do modo como a ciência provém do ensino[52]. Por isso, se a felicidade for assemelhada ao que é a saúde da alma e a permanência dela na vida eterna, será uma narrativa adequada. [§ XII, 1] Platão diz que tais guardiões, quando querem permanecer no máximo da coragem[53] e da audácia, não temem pelas disposições dos filhos, e pelo que acontece depois da morte[54].

Com efeito, quando ele considera isso em tempo de guerra, prefere obedecer a outros a morrer[55]. Nos assuntos especulativos, com efeito, semelhantes narrativas devem ser afastadas. [§ 2] As narrativas que devem ser afastadas dos assuntos práticos, porém, são as que levam aos vícios e às deficiências; do mesmo modo, é necessário que sejam proibidos [de participar] dos cantos das mulheres.

De fato, nenhum deles deve crer que haja alguma disposição que lhe seja inconveniente e amarga por um mal que advenha a um companheiro, um mal por causa da morte, de modo que ele chore e se entristeça por ele. [§ 3] Mas a disposição no guardião deve ser contrária: que de nenhum modo ele se desvie por causa da morte de alguém, seja um consanguíneo ou um amigo ou

52 Trad. Mantino 340D: "Idem quoque de poena, ac dolore sentiendum est eodem modo, illa causam suam sequi, quo sequitur scientia disciplinam". ("O mesmo deve-se concluir a respeito da punição e da dor: elas são consequência de sua causa do mesmo modo como a ciência é consequência da instrução.")

53 Apud trad. Elia del Medigo: *fortitudinis*.

54 Apud trad. Elia del Medigo: "Inquit Plato quod tales armigeri, quando volunt esse in fine fortitudinis et audaciae, quod non timent propter dispositionem natorum et illud quod advenit post mortem". Trad. Mantino 340D-E: "Inquit in super Plato, custodibus, qui fortes, pugnacesque futuri sunt, nihil plane eorum, quae post mortem futura, et offensura feruntur, formidinem incutere". ("Sobre os guardiões, que serão valentes e guerreiros, Platão diz que, de forma alguma, nada do que se conta que haverá depois da morte lhes causará temor.") A expressão *propter dispositionem natorum et*, na tradução de Elia del Medigo, não consta da tradução de Mantino, e isto faz pensar que constitua uma variante presente na fonte hebraica usada por Medigo. Essa divergência, como também a indicada na nota seguinte, poderia indicar o uso de diferentes fontes manuscritas pelos dois tradutores latinos.

55 Trad. Mantino 340E: "Nam quisquis imaginabitur talia, non praeferet, siquando pugna accidat, mortem captivitati, aut servituti [...]". ("Pois quem quer que imagine tais coisas não preferirá, caso aconteça uma guerra, a morte à escravidão ou servidão.") A tradução de Elia del Medigo diz exatamente o contrário: "Quando enim is considerat ista in tempore pugnae eligit melius esse oboedire aliis quam mori".

um companheiro, quem quer que seja. Mas se ele se entristece, deve conter-se; deve, porém, ter tolerância e constância quando lhe acontecem tais tristezas, e, além disso, o choro é próprio de uma operação das mulheres e de uma alma fraca; isso está muito distante da natureza do guardião; assim, os príncipes e os profetas não devem ter medo. [§4] [Platão] diz: e não devem amar o divertimento. Com efeito, quem se entrega ao divertimento precisa de um forte motivo para que dele se afaste; por isso, os felizes e os príncipes não são muito sorridentes.

[§5] Diz: devem ser muito solícitos acerca da justiça[56] e da verdade. A falsidade não convém ao governo de Deus, nem aos reis nem ao vulgo, isto é, ninguém deve se aproximar dela. Quando se descobre que algum artífice ou alguém na cidade diz uma mentira, deve-se puni-lo.

Deve-se, porém, dizer ao vulgo que o poder de dano ao príncipe proveniente de pessoas do povo, quando dizem mentira, é como o dano de um doente quando diz algo falso ao médico durante a sua enfermidade. Ora, assim como os príncipes às vezes dizem uma mentira ao vulgo, isso convém a eles, assim como convém aos doentes. [§6] E assim como quem dá o remédio é o médico, quem diz ao vulgo uma mentira é o rei nas negociações do governo. Pois as narrativas falsas são necessárias no ensino dos habitantes da cidade[57] e não se encontra um legislador que não se sirva de discursos falsos. Isso, de fato, é necessário ao vulgo para que a felicidade chegue a eles. [§7] Devem ser afastados dos discursos que conduzem aos prazeres mais do que de qualquer outra coisa. Isso se encontra muito nas harmonias[58] dos árabes. Devem, porém, ouvir discursos que os levem ao afastamento delas (i.e., das harmonias dos árabes) e os proíbam de tais operações.

Com efeito, como diz Platão, a solidez da virtude se faz com abstinência e afastamento dos prazeres sensíveis, como depois

56 Apud trad. Elia del Medigo: *iustitia*, uma das poucas vezes em que surge o termo.
57 Apud trad. Elia del Medigo: *hominum politicae*.
58 Isto é, nos poemas, conforme as traduções de Rosenthal e de Lerner.

será explicado a partir de seu discurso. E a operação máxima de tornar sólida a virtude é que aqueles homens sejam obedientes e leais a seus superiores e que sejam os principais a dominarem os apetites. Por isso, quanto às metáforas das coisas que impelem os homens a tais operações[59], devem ser totalmente proibidos a ouvi-las; por isso, o mais prejudicial de tudo é que os grandes homens e os príncipes estejam em uma tal disposição, ainda que por pouco tempo.

[§ 8] Tampouco devem ouvir discursos que os estimulem a juntar dinheiro e a ganhá-lo. Com efeito, como será dito depois, as riquezas são, dentre tudo mais, proibidas para essa arte e para todas as outras. As crianças devem ser afastadas desses [discursos] e de semelhantes, e que não os ouçam. [§ 9] E tu sabes que as harmonias dos árabes estão cheias dessas coisas más. Por isso, são mais nocivas do que tudo mais para as crianças que as ouvem no princípio de sua formação. Este é o resumo de seu discurso a propósito do gênero de determinadas metáforas. Com efeito, Platão não só não foi breve ao explicar as metáforas que não devem ser ouvidas por tais homens, mas também distinguiu os discursos dos quais não é lícito que se fale. [§ 10] Disse que os discursos narrativos são discursos ou a respeito de coisas passadas ou a respeito de coisas presentes ou futuras. Ora, as narrativas acerca dessas coisas são conforme um dos três modos: ou narrativa pura e simples, em que se narra uma coisa de modo absoluto, ou narrativa sem similitude e metáfora, ou narrativa com similitude da coisa narrada.

Além disso, a metáfora se faz de dois modos: ou metáfora por voz ou metáfora por palavras semelhantes. As harmonias dos antigos, porém, foram primeiro assemelhadas às coisas pela voz e pela imitação, depois usaram a metáfora, que ocorre por palavras; a partir disso, esse modo de assemelhação é mais próprio da arte do canto e da poesia, porque se dá por meio de coisas pertencentes aos discursos, e não por meio de coisas externas.

59 Para fazer sentido, assumimos que as "tais operações" referem-se à desobediência, à infidelidade e ao descontrole de seus apetites.

[§ 11] Ora, os cantores árabes quase sempre usam o último gênero de similitude, isto é, a similitude que se faz por palavras. [§ XII, A. 1] Quando Platão explicou as espécies de discursos narrativos, disse que são conforme duas espécies: uma refere-se aos discursos não metafóricos, e a outra, aos discursos que metaforizam o que é narrado tendo em vista a imitação, porque estes eram mais habituais entre eles; investigou se os guardiões deveriam ser metaforizadores ou não, e se fossem, em que medida isso lhes devia ser lícito. [§ 2] Explicou que não lhes devia ser lícito que fossem metaforizadores, pois, como foi dito, cada um, na verdade, torna-se perfeito em uma única operação em tal cidade, posto que assim é mais adequado e melhor. Ora, o discurso a respeito das metáforas é este mesmo, a saber, quando queremos que alguém seja um bom metaforizador, que apenas metaforize de acordo com uma única espécie. [§ 3] Por isso, vemos que alguns, conforme a sua natureza, excedem na metáfora que é desonra, outros, porém, na que é louvor, como se diz a respeito de um certo Avenalthaam[60], o qual sabia louvar bem, e não aviltar. E já que é assim, pelo fato de que não devemos conceder-lhes que seja lícito metaforizar em qualquer coisa, também não é necessário conceder-lhes que possam metaforizar em algumas. [§ 4] Mas se, de todo modo, escolhem metaforizar algo, é preciso que, desde o tempo da infância, eles se habituem a metaforizar aquilo que lhes é adequado, a saber, a respeito da coragem, da constância, da liberdade e disposições semelhantes a essas. [§ 5] Mas metaforizar o que é ínfimo e vil não lhes é adequado de modo algum, pois a assemelhação desde a infância, que é muito prolongada, torna-se hábito e natureza no corpo e na alma.

[§ 6] Por isso ele diz: alguém nobre não deve metaforizar as operações das mulheres que choram suas dores, nem das

60 Segundo Cruz Hernández, trata-se de Abū Tammām, conhecido autor de panegíricos. No texto hebraico está grafado Ibn Taḥām, mas Cruz Hernández observa que "trata-se de um erro de copista dada a relativa semelhança entre as grafias dos dois nomes" em árabe. Cf. Cruz Hernández, in: trad. Cruz Hernández, p. 25, nota 32.

mulheres que fazem sexo com seus maridos, nem das que brigam com seus maridos, nem das que choram, nem das que estão tristes; tampouco é lícito que eles (i.e., os guardiões) se assemelhem a servas e escravas, nem que eles se assemelhem a ébrios, nem ao que é fantástico.

[§ 7] E não só isto, mas também não devemos permitir-lhes metaforizar os que curtem couros, nem os sapateiros, nem as demais artes. De fato, como não lhes é lícito exercer essas artes, também não lhes é lícito metaforizá-las. [§ 8] E mais estranho que isso é que lhes seja lícito relinchar, zurrar e coisas afins. De fato, isso tudo é semelhante a uma infeliz estupidez. [§ 9] Digo: devem ser proibidos [de ouvir] as canções pelas quais os árabes têm o costume de assemelhar estas coisas.

Com efeito, as metáforas daquelas [coisas] estão próximas dessa espécie. [§ 10] Por causa disso tudo, aos metaforizadores e cantores dessa cidade, não deve ser-lhes lícito metaforizar qualquer coisa por muitas [razões]. Uma delas, a primeira, é que a operação do metaforizador é boa quando metaforiza em uma única espécie, como é a disposição nas artes; [em segundo lugar,] também a metáfora das coisas vis e dos vícios não deve ser introduzida na escolha ou na rejeição de algo, como acontece com muitas canções dos árabes, que não devem ocorrer em tal cidade. Mas devemos permitir-lhes metaforizar a respeito das narrativas das mulheres e seus adornos, o que lhes (i.e., às mulheres) é pertinente quanto à virtude[61].

[§ XIII, 1] Assim, não devemos deixar que os cantores dessa cidade metaforizem qualquer coisa. Assim deve ser com os pintores; de fato, os pintores dessa cidade não devem pintar tudo, sobretudo o que é torpe e homens viciosos. [§ 2] Mas, quanto aos

61 Trad. Mantino 341F: "has inquam, aut imitando exprimi, aut referre huic Reipublicae non est consentaneum: quamquam est illis nonnullarum mulierum probarum quidem, et orationes, et ea, quae ad exemplum pertinent, referre concedamus virtutesque ipsas, quae in moribus sunt imitari". ("estas coisas, exprimi-las por imitações ou referi-las a esta cidade não é adequado, embora, quanto a algumas mulheres honestas e orações e ao que diz respeito a exemplos e a virtudes delas, concedamos que sejam referidos e que sejam imitados nos costumes.")

virtuosos, é necessário que os adolescentes e as crianças, assim como ouvem os discursos virtuosos, também vejam coisas virtuosas e boas para que se habituem a acolher neles, de todos os modos, as operações belas, assim como alguém recebe benefício quando o lugar de sua habitação é saudável quanto a tudo que nele é encontrado, como as ervas, os ventos e o resto. Isso é o resumo do que é dito por Platão a respeito das metáforas nas quais os guardiões são instruídos[62].

[§ XIV, 1] Em seguida, ele explicou qual o gênero de harmonia que deve ser usado com essas metáforas no aprendizado deles (i.e., dos guardiões). Ora, quando a harmonia é feita por meio de discursos, ela é constituída por três harmonias de discurso adequado do qual deriva a poesia[63]. Além disso, já foi dito de que modo devem ser os discursos dos quais a poesia é constituída.

Por outro lado, o que resta a dizer a respeito deles (i.e., dos guardiões) são as poesias e as harmonias que lhes são adequadas[64]. [§ 2] Platão acredita que a eles não convêm poesias que

62 Trad. Mantino 341F: "Et quid in Poetis cavemos, id etiam in Pictoribus huius Reipublicae curandum est, ne temere quidlibet pingant, praesertim ne vitiosos homines, sed probos omnino; uti, et puerorum, et adolescentium ex pari auditui, visuique consultum sit, ac pulchri quavis ratione actus teneris animis affingantur, veluti qui salubri in loco moram fecerit, omnibus qui hic sunt, iuvabitur, suavi aura, florum fragrantia, herbarum salubritate, aliisque id genus plurimis. Haec utique est summa eorum quae de fabulis, quibus instituendi sunt custodes, disseruit Plato". ("E aquilo de que nos guardamos em relação aos poetas, disso também deve-se cuidar para que não pintem temerariamente qualquer coisa, principalmente que não pintem homens viciosos, mas absolutamente honrados; que se delibere de maneira igual quanto à audição e à visão das crianças e dos adolescentes, de modo que os atos belos modelem as almas tenras como alguém que tivesse a moradia num lugar saudável, para que com tudo que lá está se alegre: a brisa suave, a fragrância das flores, a salubridade das ervas e muitas outras coisas desse gênero. Isso é o essencial a respeito das fábulas em que os guardiões devem ser instruídos, disse Platão.")

63 Trad. Mantino 341G: "Deinde autem aggreditur, quonam genere Musicae, cum illis simul fabulis, disciplina illorum instruenda sit. Ac Melodia quidem (ut a Platone dictum est) si orationem comprehenderit, tribus ex partibus consistet, videlicet consonantia, modulatione, orationeque ipsa modulatoria". ("Em seguida, pôs-se a discutir em que gênero de música, junto com aquelas fábulas, o aprendizado deles deve ser instruído. E, na verdade, a melodia [como foi dito por Platão], se compreende uma oração, consiste em três partes, a saber, a consonância, a modulação e a própria oração que é modulatória.")

64 Trad. Mantino 341H: "Ac, cum exposuit formulam orationum earum, quae modulos suscipiunt, superest, ut hunc sermonem instituat, quo genere consonantiae, quave harmonia utendum sit". ("E depois que expôs a fórmula das orações delas que

os homens usam no temor e no terror, como também não lhes convém falar de tal coisa, ainda que não seja poesia. Tampouco lhes convém a composição de muitas harmonias das quais se faz uso nas núpcias e nos banquetes e, de modo geral, de poesias de muitas imitações e harmonias, pois esses homens não são ociosos[65]. [§3] Mas, quanto à composição de cantos, é preciso que sejam usadas duas espécies: uma delas é a que move a alma para a coragem e para a firmeza no combate[66].

A segunda espécie é a que move a alma para facilmente receber as virtudes com calma. Ora, pertencem à música prática o modo dessas composições e quais delas são [permitidas]. [§4] Platão definiu-os (i.e., os modos) pela relação a homens famosos que em seu tempo compunham essas harmonias. Mas esse ensino caiu em desuso em nosso tempo. Por isso, em tal cidade não devemos afastar qualquer instrumento que os homens usem em tais harmonias, como a cítara e muitos outros instrumentos. Platão, porém, ordenou que não sejam permitidos em tal cidade os instrumentos [cuja sonoridade] se diz ser excitante[67]. Platão

assumem modulações, há ainda que falar, para que esse discurso se complete, sobre que gênero de consonância, qual harmonia deve ser usada.")

65 Isto é, não se aplica a eles o tempo livre (ócio). Sobre o ócio, ver Aristóteles. *Política* VIII, 1337b 29-35; sobre os pares trabalho-ócio/guerra-paz, ver id., 1333a 30. Somente a paz e o ócio (tempo livre) concedem ao homem a oportunidade de desenvolver suas virtudes políticas e morais; daí que o legislador deverá ocupar-se em promover leis não apenas para a educação dos jovens, mas também para a das outras idades em que haja necessidade de formação (id., 1333a 31- b 5). Cf. Hourakis, A. *Aristote et l'éducation*. Paris: PUF, 1998, p. 17-18. No *Com. Rep.*, os guardiões devem estar sempre preparados para a guerra, portanto, a educação adequada ao tempo livre não lhes convém.

66 Apud trad. Elia del Medigo: "ad fortitudinem et ad constantiam in pugna".

67 Apud trad. Elia del Medigo: "instrumenta quae vocantur tonifera". *Tonifera* não consta dos léxicos latinos; formada de *tonus*, *-us*, e *-ferus*, *-a*, *-um*, significa que traz o *tonus*, no caso, que excita. Shemū'ēl b. Yehūḏā, o tradutor da versão hebraica, manteve o termo árabe *mizmār*, que corresponde a um instrumento musical de sopro com corpo cônico de madeira, possível antecessor do oboé, ainda hoje usado em festas e casamentos nos países árabes. Agradecemos por essas informações a Flavio Metne, professor do Instituto Superior de Música de Damasco (Síria). Rosenthal e Lerner traduzem *mizmār* por "tambourine" (pandeiro, que corresponde ao árabe *duff*; no folclore português é chamado "adufe"), o que não procede (trad. Rosenthal I.xiv.4; trad. Lerner 35:10-15). Trad. Mantino 341K: "Neque in civitate organum admitti debet, quo uti assuescat, cuiusmodi tibia, et multa alia id genus instrumenta sunt; sed iubet ille et lyram et citharam in civitate recipi". ("Tampouco deve ser admitido na cidade um instrumento cujo uso leve ao hábito, e há muitos outros instrumentos que são desse

disse que os camponeses têm certos hábitos e canções. [§5] Nós devemos escolher dentre elas (i.e., as canções) a espécie que não é das mulheres nem dos choramingantes, mas a espécie que é da coragem e da grandeza de alma; pela obediência a isso, chega-se facilmente ao que é visado. Essas canções eram notórias no tempo de Platão, mas, em nosso tempo, devemos indagar a respeito disso.

[§ xv, 1] Platão acreditou que, quando são escolhidos aqueles em cuja natureza há capacidade de recepção daquelas virtudes e são educados na música de acordo com aquele modo, eles chegam então ao máximo da virtude, na constância, na coragem e na grandeza de alma.

E amar coisas belas e nobres e amá-las igualmente, sejam elas mal representadas ou não, e afastar os prazeres. [§2] Pois a correção da opinião e o prazer não são concordantes de nenhum modo. Com efeito, o prazer torna o homem confuso. Confunde a sua razão e ele faz o que é semelhante ao que é feito pelos loucos. E quanto mais buscam os prazeres, tanto mais isto lhes acontece. Assim, o prazer da união sexual torna louco o homem, mais do que qualquer outra coisa. Por isso, é preciso que o prazer não se misture com essas músicas, mas deve apetecer a verdade da bela opinião.

Ora, a pusilanimidade e os outros vícios têm conformidade com os prazeres. [§3] E já que é assim, aquele que deseja e o amado não devem manter uma amizade prazerosa, mas uma amizade correta. Por isso, em tal cidade deve ser estabelecida uma lei que [imponha] que a amizade entre eles deve ser como a amizade que há entre pais e filhos. Esse é o propósito da prática da

gênero, como a flauta; mas ele ordena que na cidade sejam aceitas a lira e a cítara.") A passagem corresponde a *República* III, 399c-e, em que Sócrates condena os instrumentos musicais que produzem acordes complexos e aceita os mais simples da tradição, identificados às vezes como *oligochordía*. Os instrumentos permitidos na cidade são a cítara e a lira; nos campos, uma espécie de siringe ou flauta de Pã. Cf. Leroux, G. In: Platon. *La République*. Tradução, apresentação e notas de G. Leroux. Paris: Flammarion, 2004, p. 578-579, notas 89; 90; 91; ver Platão. *A República*. Tradução e notas de A.L.A. de Almeida Prado. Introdução de R. Bolzani Filho. São Paulo: Martins Fontes, 2006, p. 133, notas 44; 45; 46.

música. Esse é o resumo do que foi proposto por Platão, isto é, a respeito da disposição da prática da música.

[§ XVI, 1] Depois disso, falou a respeito do exercício físico[68] e dos alimentos e, de modo geral, a respeito das coisas pelas quais é adquirida a virtude nobre. Não na medida em que é virtude nobre pura e simplesmente, como diz Galeno e os demais médicos, mas enquanto é virtude nobre por meio da qual se sustenta a virtude da alma ou se coordena para a virtude da alma que dispõe para a virtude combativa e para a operação dela, e é a virtude da coragem[69]. E, por isso, a medida de tal exercício físico e a alimentação não adquirem para o corpo apenas a saúde, mas adquirem a virtude da alma por meio da intenção para a qual são ordenadas. Exemplo disso: o exercício físico simples[70]. Ele adquire a saúde para o corpo e, com isso, move também a parte irascível das partes da alma e a torna mais corajosa que era.

[§ 2] Por isso, Platão ordena que não os deixemos no exercício físico sem música, tampouco na música sem exercício físico. Com efeito, a prática da música, apenas, torna a alma abatida e muito inerte, sobretudo quando ela faz uso de espécies de harmonias tranquilizantes. Ainda, o exercício físico, apenas, deixa a alma no máximo da ira, demasiadamente afastada da aceitação dos discursos prováveis (i.e., os dialéticos), mas odeia ao máximo os discursos, como vemos acontecer nos soberbos, nos valentes e nos destemidos. [§ 3] Por isso, essas duas artes (i.e., o exercício físico e a música), como diz Platão, foram opostas à espécie irascível e à espécie filosófica dentre as partes da alma[71]. E, dessa maneira, da mistura delas, resulta a intenção pretendida para o guardião, a saber, que ame extremamente os cidadãos e que lute contra os forasteiros.

68 Apud trad. Elia del Medigo: *fatigatione*.

69 Apud trad. Elia del Medigo: *virtus fortitudinis*.

70 Apud trad. Elia del Medigo: *fatigatio abstracta*. Para a tradução de *abstracta*, seguimos *República* III, 404b, em que Platão declara que só a ginástica simples e moderada prepara para a guerra.

71 Apud trad. Elia del Medigo: "Et ideo fuerunt hae duae artes, sicut dicit Plato, oppositae speciei irascibili et speciei philosophicae ex partibus animae". Corresponde a *República* III, 411e.

[§ 4] Disse: o exercício físico que devem praticar é o exercício físico simples que convém no combate. E os alimentos devem ser alimentos simples que, ao mesmo tempo, são fáceis de encontrar e fortalecem os corpos dos guardiões que os comem, como a carne assada[72] e algumas ervas simples, cozidas na água, sal e óleo. Eles, de fato, quando estão acostumados com outros alimentos e não os têm no exército, adoecem de graves enfermidades. Por isso, não devem [acostumar-se a] fazer uso do exercício físico, do alimento, da bebida e do que afeta a alma, de tal modo que, quando não os tiverem, isso se torne causa de doença para eles. De fato, esses homens, como diz Platão, têm necessidade da saúde, assim como o cão precisa da acuidade da saúde e da audição mais do que qualquer outra coisa. Por isso, não devem embriagar-se, posto que os guardiões, mais que todos, devem cuidar-se da embriaguez. Se não, o guardião precisará de um outro guardião que o defenda. [§ 5] E já que isso é assim, a embriaguez e diversos alimentos são ilícitos em tal cidade, bem como as coisas doces e de gênero semelhante a elas. De modo geral, a disposição deles na comida e no exercício deve ser semelhante à disposição deles na música, a saber, que eles façam uso apenas dessas espécies simples. Ora, a música que não é simples produz na alma operações e algumas disposições estranhas. E o exercício físico que não é simples produz doenças no corpo, no corpo e na alma simultaneamente.

[§ XVII, 1] A privação do apuro na música e o uso excessivo de alimentos e bebidas, quando encontrados na cidade, também precisam muito de duas artes, a saber, a arte judiciária e a arte medicinal.

Nada assinala tanto a malignidade da disposição dos cidadãos e da torpeza da sua escolha do que a necessidade de recorrerem a médicos e juízes. Com efeito, por si próprios não têm alguma virtude, mas há neles virtudes por coação. Quanto mais

72 Apud trad. Elia del Medigo: *aequalis*; apud trad. Rosenthal: *roast meat*, cf. p. 136 (ver nota 8). Não foi possível encontrar um termo adequado para a tradução de *aequalis*, por isso seguimos o sentido do texto, conforme *República* III, 404c.

multiplica-se a carência do corpo em relação a essas duas artes e quanto mais as honram, mais distantes ficam do que é legítimo.

[§ 2] Por isso, é próprio dessa cidade que não precisem dessas duas artes e que não haja nela de modo algum juiz e médico; e se houver, será de modo equívoco com a medicina que se pratica nessa cidade, nesse tempo. De modo semelhante, o julgamento.

Com efeito, quanto aos alimentos deles, como são comensurados conforme a quantidade, a preparação, o tempo e a boa qualidade, e são preparados conforme aquele modo, parece que [com isso] não precisam de muitos remédios, como se dá no nosso tempo e no tempo passado[73].

[§ 3] Platão acredita que essas moléstias que grassam nessa cidade são notórias e que não são contínuas no tocante à escola de Empédocles[74], e que as coisas estabelecidas para elas (i.e., para as moléstias) são notórias. Entendo por essas moléstias, cuja causa é a malignidade da compleição material, os abscessos, as febres e semelhantes.

E, sendo assim como dissemos, a maior parte dos medicamentos não é usada em tal cidade, conforme a sua opinião, exceto os medicamentos das coisas externas, por exemplo, dos cortes, das fraturas, das chagas e de semelhantes; [§ 4] é preciso, porém, que o médico saiba se é possível ao nascido defeituoso ou monstruoso receber medicamento e cura ou não; assim, curará um e prognosticará a respeito do outro, embora seja possível a respeito dele (i.e., do defeituoso) que viva por meio da cura, sem que com isso realize alguma das obras da cidade.

Isso é o que Platão crê sobre esses defeituosos. Com efeito, não convém curar quem não pode ter verdadeiramente todas as virtudes. [§ 5] De fato, em todo ente, quando está privado do fim para o qual foi feito, não há diferença entre o seu ser e a privação.

Por isso, Sócrates preferiu a morte à vida quando viu que não lhe era possível viver uma vida humana. E já que cada

73 Averróis faz alusão à falta de saúde entre os árabes, no seu tempo e no passado.

74 Nas traduções de Rosenthal e de Lerner, lê-se a seita de Asclépio, e não de Empédocles. Trad. Mantino 3421: "Aesculapii dogmate".

homem é feito para que seja parte dessa cidade, de modo que realize alguma obra nela, quando for privado dessa utilidade, a morte lhe será melhor que a vida. [§6] Por isso, os médicos são solícitos em amputar algum membro do corpo quando já está deteriorado e a operação dele tornou-se nula, como os dedos danificados e os dentes podres.

Ainda, quanto a tais homens, quando são abandonados em tal cidade, eles são causa, na maioria das vezes, da produção de homens defeituosos. [§7] E podes esclarecer isso por meio dos artesãos que prolongam suas operações.

De fato, quando ficam doentes, pedem aos médicos que os aliviem por meio de lavagem, vômito ou sangria, para rapidamente retornarem à sua atividade. E, se os levam a isso, fazem qualquer coisa que os médicos dizem; mas se [o médico] lhes ordena que submetam seus corpos ao devido regime, de modo que sua atividade cesse por um longo tempo, não lhe obedecem e parece-lhes que o seu dizer é torpe, quase como se estimassem que sua vida não será útil, a menos que dela (i.e., da vida deles) resultem operações aptas por eles produzidas. Mas aqueles com defeitos irremovíveis que se atormentam em vida, desocupados, sem qualquer atividade [são] os ociosos que se sentam nas esquinas. [§8] Mas, quanto aos homens defeituosos nos quais pode haver vida sem que sejam curados, não lhes sendo possível fazer algo em tal cidade, alguns opinam que devem morrer, outros, porém, opinam que não devem morrer.

No entanto, quanto ao que diz que haverá confusão entre os cidadãos, não é nada. Ora, esta é a necessidade do médico em tal cidade, a saber, que cure as coisas externas e conheça os defeitos irremovíveis e os removíveis. [§9] Já se estima que essa cidade precise de médico de acordo com um outro modo, isto é, que ele calcule os alimentos segundo o tempo, a medida e a situação do homem, em qualquer tempo e em qualquer província.

Isso por meio da virtude cogitativa, que ele adquire pela experiência. Assim, o médico não é desse modo, a não ser que, conhecendo a arte da medicina, tenha visto muitas doenças e as experimentado em si mesmo e nos outros. Pois, ao experimentar doenças em si mesmo, adquire um conhecimento que não adquiriria vendo-as em outros.

[§10] Em tal cidade, no entanto, o juiz é necessário para considerar quem é de má natureza e não aceita cura, isto é, repreensões da alma, e o faz morrer.

Por outro lado, quanto ao que pode receber correção, ele o corrige: isso, entretanto, só pode ser feito por meio de uma longa experiência. Com efeito, ele conhece as causas da injustiça quando conhece os vícios dos outros.

De fato, a respeito do que lhe é próprio, é que sua alma não seja má, mas que ele seja virtuoso desde o princípio de sua formação, já educado na música simples.

[§11] Ora, não é assim a disposição do médico. De fato, se o médico estiver doente no corpo, isso não o prejudica; quanto ao juiz, porém, é impossível que seja um juiz excelente e tenha uma disposição maldosa. De fato, a maldade da alma não conhece a virtude, tampouco conhece a ciência dela. A virtude conhece a si própria e conhece a maldade nos outros por uma longa experiência.

Por isso, é preciso, sem dúvida, que o juiz seja idoso. De fato, as crianças e os jovens conhecem o bem somente como crianças que são educadas na música simples e nos apólogos bons. Conforme esse modo, portanto, encontram-se a arte judiciária e a arte médica em tal cidade.

[§XVIII, 1] Em seguida, Platão prossegue narrando as coisas por meio das quais é escolhida a natureza daquele que deve ser o principal dos guardiões e diz que devemos escolher, dentre estes, o mais virtuoso; e é aquele que ama a utilidade dos cidadãos e a correção deles. Para isso, são requeridas muitas condições: entre elas, a de que não lhe falte a opinião virtuosa quando coagido.

[§2] E isso entende-se de muitos modos, a saber, quando ele é afastado [da opinião virtuosa] por coação ou por causa de tortura, ou por causa de medo, ou por causa de erro, e é elogiado a respeito disso de acordo com algo ou por causa do esquecimento em razão da extensão do tempo.

De fato, a opinião, ou a virtude, é conforme dois modos: às vezes, alguém abandona sua opinião voluntariamente – esta é uma opinião enganosa, como quando alguém se afasta do mal por sua vontade.

Às vezes, alguém desiste de sua opinião sob coação – esta é uma opinião adequada, como quando alguém é privado do bem sob coação, e isso ocorre quando alguém é coagido, como dissemos, ou pela força ou pelo erro ou pelo engano.

Por isso, ele deve ter cuidado com essas novidades para que não se esqueça do que crê necessário e faça o que é mais útil na cidade, e não erre nisso em qualquer hora.

Fugirão também das coisas por meio das quais é possível que se introduza neles tal opinião, a saber, o prazer; e, de modo semelhante, que não narrem sobre coisas apavorantes.

[§3] De fato, aquele que é conforme todas essas disposições não se afasta de sua opinião, permanece firme quando experimentado, assim como o ouro fino no fogo.

É este, de fato, que deve dominar em tal cidade, que a defenderá, e a ele serão atribuídas honras na sua vida, na morte, em suas exéquias e nas demais [situações] que alguém busca, e por ela (i.e., por sua opinião virtuosa) será lembrado depois da morte.

[§4] Explicaremos depois as demais condições que devem ter os soberanos a respeito das virtudes morais e especulativas. Com efeito, os soberanos em tal cidade são sem dúvida os sábios em quem estão reunidas, juntas com a ciência, essas virtudes e as demais, tal como as enumeraremos depois.

[§5] Porque é possível que nasça uma criança do gênero dos guardiões que não seja naturalmente apta para ser guardião – embora esse modo ocorra raramente –, é também possível que haja uma criança de outro gênero dos habitantes da cidade que não sejam guardiões aspirando a ser guardião – embora isso também seja raro; porque qualquer gênero de união sexual se dá com o seu gênero, a saber, os guardiões se unem com o gênero dos guardiões, e os agricultores, com o gênero dos agricultores, eles naturalmente produzem conforme aquilo a que estão acostumados; a natureza dos filhos deles será na maioria das vezes conforme a natureza a partir da qual o pai e a mãe, na maioria da vezes, dão uma substância semelhante à deles.

[§ 6] Mas, como dissemos, isso às vezes se altera e é a coisa que mais conduz à destruição dessa cidade; a causa mais forte disso é que quem não esteja apto por natureza para uma operação seja posto nela. [§ XIX, 1] Platão estabeleceu aqui uma opinião pela qual se persuadem as cidades e os guardiões quanto à remoção, de um gênero para outro, das crianças deles.

Eis a opinião. Dizemos a eles: "Ó vós, escolhidos e nobres, vós fostes produzidos no seio da terra conforme esta vossa disposição, e sem vossas armas e o resto antes que estivestes completos; e quando estáveis completos, a terra vos pariu.

Com efeito, a terra é para vós como uma mãe e vós sois irmãos. De fato, o mal sobrevém a alguém na cidade porque a luta do inimigo é o mal que sobrevém a alguém provindo de um seu irmão, com quem nasceu de uma só terra e de uma só mãe.

Ora, todos vós e todos os gêneros de cidadãos sois irmãos porque a terra é vossa mãe. [§ 2] Mas Deus, quando vos criou, decretou que alguém de vós fosse o principal e o nobre, e na sua produção misturou ouro puro; deve haver entre vós nobres e com o máximo de distinções. [§ 3] Decretou também servos dos nobres e misturou prata na geração deles.

Decretou também o vulgo e os demais artesãos e, na produção de alguns, misturou ferro, na de outros, metal; portanto, dado que em todos vós [foram misturados metais], embora sejais de um único gênero, há em vós diversas espécies. De fato, na maioria das vezes, nasce para cada um de vós uma criança semelhante a ele quanto à espécie; e visto que nasce do ouro a prata, e da prata também o ouro, e de modo semelhante em qualquer espécie, então nasce do ferro o ouro ou a prata, e o contrário.

[§ 4] Deus também ordenou aos principais que não se ocupem de algo, como da preservação dos filhos deles e da orientação das naturezas deles, e que seja afastado deles aquilo que está misturado com eles.

Com efeito, se o filho for de ferro, não o deixe com os demais filhos, mas o estabeleça de acordo com o que a sua natureza lhe confere, ou entre os artesãos ou entre o vulgo. E, se acaso também ocorrer que alguém nasça de ouro ou de prata, deve ser honrado e favorecido adequadamente na primazia, e isto por causa da preservação.

Com efeito, o profeta predisse quando essa cidade se destruiria, visto que isso acontece quando o principal é de ferro ou de chumbo".

[§5] Esse discurso lhes deve ser transmitido na música desde a infância, assim como lhes são transmitidos os demais apólogos. [§XX, 1] Quando completou isso, disse que as moradias daqueles guardiões e chefes devem ser de modo que estejam mais elevadas do que as outras e as dominem; se um deles não quiser aceitar a lei, que o açoitem. E também, se acaso o inimigo chegar de fora na cidade, que eles se esforcem para expulsá-lo e se vingar dele.

[§2] Quando determinou o lugar da moradia deles, investigou se era apropriado aos guardiões adquirir algo próprio, diverso dos cidadãos, como as moradias ou o restante.

E disse que, dado que entre os pastores nada é tão absurdo quanto criarem cães cuja intenção seja, em vez da preservação dos rebanhos, a aquisição de uma disposição pela qual matem os rebanhos ou lhes façam mal, de modo que se tornem, em vez de cães, lobos, [§3] a disposição nos guardiões é de acordo com isso, ou seja, que em todas as coisas é mais nocivo ter uma disposição da qual se segue uma incursão para prejuízo dos cidadãos, sobretudo porque são mais corajosos e mais potentes do que os demais cidadãos.

Logo, isso é o que mais deve ser evitado pelos que são valentes. Podes esclarecer isso pelos valentes dessa cidade. De fato, quando morreu o tirano que os continha, voltaram-se contra os cidadãos e os devoraram.

[§4] Com efeito, também essa é a disposição dos guardiões contra a qual devem se acautelar ao máximo, isto é, para que não haja neles a disposição pela qual deixem de ser bons guardiões para que, no extremo, não sejam guardiões de modo algum. De fato, a partir disso ficará facilmente visível que nenhum deles deve ter algo próprio, nem casa nem móveis nem o resto, mas os demais cidadãos devem supri-los do que lhes seja suficiente quanto ao alimento e vestuário.

[§5] Ora, a prata e o ouro não têm ingresso entre eles, mas lhes é dito o seguinte:

"Vós, como tendes em vossas almas uma coisa divina que Deus deu no lugar deles (i.e., do ouro e da prata), não precisais deles para que, por meio deles, vos aproximeis do restante.

E aquilo que vos é dado de ouro nobre deveis engrandecê-lo, e mais do que o ouro desses homens mortais. De fato, do dinheiro desses homens, quando é gasto em demasia, nada resta.

Ora, o ouro em vós é ouro puro; por isso, não vos é possível guardar o ouro nem a prata, nem pô-los sob o teto de vossa casa, nem buscá-los, nem beber em taças de prata ou de ouro".

[§6] Mas o recebimento de dinheiro é nocivo aos guardiões porque, quando eles recebem casas, terras e dinheiro, cada um deles, então, age por si próprio e quer estar isolado dos restantes cidadãos na acumulação de dinheiro; eles se tornam, por isso, inimigos dos cidadãos, odeiam-nos e, similarmente, alguns deles [se odeiam] uns aos outros.

Na maioria das vezes, não matam nem são mortos, a não ser por causa do dinheiro dos cidadãos, não por causa deles. De modo geral, ocorrem-lhes, em relação aos cidadãos e entre si, o ódio, a vingança e a decepção, assim como ocorrem aos cidadãos dessas cidades[75], e às vezes conspiram contra os cidadãos e os devoram.

[§7] De modo geral, os cidadãos, para eles, são como inimigos: temem-nos como a inimigos externos; por causa deles, a

75 Averróis se refere às cidades que ele conhece, às cidades de seu tempo; são as cidades conhecidas de seus leitores e de seu público-alvo; são as cidades que existem efetivamente, não apenas no discurso; são "as nossas cidades". O emprego de cidades (no plural) por oposição ao de cidade (no singular) indica como Averróis, com grande economia de linguagem, é capaz de ilustrar o seu propósito, ou seja, a crítica aos governos de sua época contrapondo-os ao governo da cidade excelente de sua exposição.

sua luta é uma luta acidental, tendo em vista o dinheiro deles. Se um inimigo os prejudica e podem escapar disso por meio dos cidadãos, eles o fazem, sobretudo quando lhes é dado, em relação aos cidadãos, o domínio de outros.

Também esses bens os impedem em relação àquilo para o que são destinados, a saber, a preservação dos cidadãos. De fato, se eles lutam por causa de bens, a preservação dos cidadãos será acidental; eles, de fato, lutam conforme a necessidade de bens e fugirão da luta quando não tiverem esperança a respeito disso.

[§ 8] Isso tudo acontece a eles também quando são ricos; por isso, quando queremos que os guardiões sejam conforme a melhor disposição na condição de guardiões, é necessário que não tenham nada.

Ainda que a aquisição de bens externos e de riquezas seja uma virtude, não é necessário aos guardiões, por serem guardiões, que eles próprios sejam ricos. De fato, não pedimos aos guardiões que sejam nobres ou virtuosos pura e simplesmente, mas nobres na condição de guardiões.

[§ 9] Por isso, é dito deles algo semelhante, como disse Platão: "Vós tornais ilícitos para esses homens uma coisa nobre tornando-os servos, não possuindo nada, como se dissésseis que aquele que vai moldar a figura de um homem não põe a cor mais nobre no membro mais nobre. De fato, os olhos, porque são os membros mais nobres, devem ser pintados com a cor mais nobre, que é a cor púrpura, e não a negra".

Ora, isso nada é. De fato, a forma do olho não deve ser uma forma boa pura e simplesmente, mas conforme a operação do olho que provém dela. E a disposição dos guardiões é semelhante. Com efeito, não devemos buscar neles algo nobre pura e simplesmente, mas devem ser inquiridos na medida em que são guardiões. Isso se riquezas fossem virtude.

[§ XX, A. 1] Com efeito, ficou-lhe esclarecido, a respeito da disposição dos guardiões, que não devem ter algo próprio. Também investigou a respeito da disposição de outros artífices e trabalhadores manuais dessa cidade, se lhes deve ser lícito ter bens próprios, de modo que recebam de sua arte alguma recompensa e, por meio disso, tenham bens próprios.

E descobriu que isso se dá conforme uma disposição, pois ficou-lhe esclarecido que nada é tão ruim nessa cidade quanto haver nela pobreza e riquezas.

Com efeito, quando aos artífices é lícito adquirir bens por meio de sua arte, o fim deles nessa arte é a aquisição [de bens] e aquilo que os ajuda na aquisição e na preservação de seus bens; ajudarão os cidadãos, mas acidentalmente, de modo que a arte deles não tem em vista esse ofício, mas os bens adquiridos. [§ 2] E, já que isso é assim, eles se confundem muito quanto ao fim que é verdadeiramente fim e que é para a ajuda dos cidadãos.

De fato, quando eles tiverem adquirido muito, abandonam suas artes ou ficam ociosos e, quando deles se precisa, não servem aos cidadãos por meio de suas artes, a não ser por um grande preço.

[§ 3] E, já que isso é assim como foi dito, pareceu a Platão que naquela cidade não deve haver dinheiro próprio, do modo que cada um possa gastar seu dinheiro de acordo com o seu desejo. E, como isso é assim, é preciso que não haja ouro nem prata nem carência alguma disso naquela cidade. [§ 4] Como, de fato, foi dito na *Ética* [*Nicomaqueia*][76], o ouro e a prata são necessários nessas cidades por causa da dificuldade das operações [de troca].

É preciso que haja também um meio entre as coisas diversas para que haja igualdade nas operações [de troca] entre coisas em que essa igualdade é difícil de ser medida. Ora, há dificuldade nas operações [de troca] no seguinte: quando o agricultor, por exemplo, precisa do arado e não tem algo a dar ao carpinteiro por essa compra, exceto o alimento, mas o carpinteiro não precisa de alimento, precisa de roupa ou outra coisa, essas operações [de troca] não têm êxito entre eles.

Por isso, é preciso estabelecer algo que potencialmente seja todas as coisas[77], de modo que seja o que o agricultor dá ao carpinteiro para que dele receba o arado e que o carpinteiro

76 Aristóteles. *Ética Nicomaqueia* v, 5, 1133a 19 – 1133b 28.
77 Ou seja, a moeda.

possa receber por meio do que quer que seja de que necessite. E há uma disposição semelhante quanto aos demais cidadãos.

Mas, quanto ao alimento, quando os agricultores dão o que é necessário aos cidadãos, e os ferreiros, quanto aos instrumentos, e, de modo semelhante, os construtores e os tecelões, e se junta tudo de que carecem nessa cidade, e há algum ofício ao qual tudo isso leva, e depois se distribui aos cidadãos conforme a medida necessária a cada tipo de cidadão, [§5] isso diz respeito sobretudo às artes necessárias, e não diz respeito às artes não necessárias, que são procuradas somente para o prazer, como é a arte do perfumista e a arte do pintor, do escultor e do joalheiro[78], e as demais coisas nessas cidades[79].

[§6] Ora, é óbvio que eles de modo algum precisam de moeda. Tampouco o número de artífices naquela cidade é indeterminado, de modo que, por causa disso, as artes às vezes faltam, às vezes se multiplicam, de modo que eles eliminam as artes, como vemos acontecer com os barbeiros e outras atividades nessas cidades.

Ora, quanto às artes, consideram o que é necessário – que a sua utilidade seja comum a todos os cidadãos – por causa disto: que o número de artesãos seja determinado para tal, como ocorre com a arte de fabricar freios [de cavalos].

[§7] Por isso, um cidadão dessa cidade não tem união sexual quando quer ou com quem quer, mas de acordo com a medida determinada para a preservação daquele estamento[80] conforme o número pretendido naquela cidade, como depois será dito quando se falar da união sexual dos guardiões.

[§XXI, 1] Como ficou-lhe esclarecido que nessa cidade não é necessário ouro ou prata, ocorreu-lhe a dúvida acerca do

78 Apud trad. Elia del Medigo: "sicut est ars Atar et ars Almuatha Algageis Alitam" (*voces arabicae quas Haelias non vertit*). Trad. Mantino 345F-G: "unguentaria, pictoria, sculptoria et annulorum conficiendorum".

79 Como mencionado na nota 75, ao fazer uso do plural para criticar as cidades de seu tempo, Averróis contrapõe a cidade do discurso às cidades que efetivamente existem.

80 Apud trad. Elia del Medigo: "speciei illius".

combate com outras cidades cujos cidadãos são ricos e poderosos. E disse: talvez aquela cidade fosse fraca com relação a estas. Mas quando considerou aquela disposição, ficou-lhe claro que acontece o oposto em ambos [os casos].

Com efeito, a riqueza e a abastança causam vícios nos que as têm, e depois a rebelião; os induzem à ausência de costumes e de disciplina na luta. [§2] Ora, esses guardiões, como são educados conforme aquele modo do qual falamos e têm também o hábito da luta, e também pelo fato de que suas naturezas são dispostas para isso, a relação entre eles e os ricos e abastados é a relação entre o lobo e as gordas ovelhas. Por isso, é possível a esses [guardiões] lutar contra um número duplo ou triplo em relação a eles. E tu podes esclarecer isso a respeito das cidades nas quais os cidadãos são educados na pobreza. De fato, eles rapidamente subjugam cidades pacíficas e ricas, como aconteceu ao rei dos árabes[81] com relação ao rei da Pérsia.

[§3] Até mesmo quando essa cidade luta contra outra ou luta contra duas cidades, isso seria muito fácil. Eles, de fato, podem enviar seu emissário a uma dessas cidades, que suplicando lhes diga:

"Nós não usamos nem ouro nem prata. De fato, isso não nos é lícito conforme nossa lei. Para vós, entretanto, é lícito. Portanto, vamos juntos combater aquela outra cidade para que tomemos o dinheiro e as riquezas deles". Então, de fato, os estimam e rapidamente aquiescem ao que foi pedido. [§4] Mas alguém talvez diga: "essa cidade, quando depois [os seus cidadãos] tiverem o poder mediante isso e eles se tornarem ricos mediante isso, podem lutar contra aquela cidade pobre".

Mas em relação a isso a disposição não é como se julga. De fato, nenhuma cidade é verdadeiramente una, a não ser aquela cidade sobre a qual falamos. [§5] As demais cidades são, na verdade, muitas cidades, embora a moradia deles esteja em

81 Averróis se refere à conquista da Pérsia sassânida por ʿUmar, o segundo califa "retamente guiado", cujo governo foi de 634 a 644, período das grandes conquistas e do estabelecimento das bases do Império Islâmico.

um único lugar[82]. Com efeito, a constituição nelas tem em vista o governo da casa, não tem em vista o governo da cidade. Por isso, se for considerada uma cidade una, é por acidente. De fato, a disposição na cidade excelente e em suas partes é como a disposição do corpo todo. Com efeito, as mãos e os pés, por exemplo, são em vista principalmente do corpo todo. Ora, quanto a essas cidades[83], a disposição que há nelas é de modo oposto, e a associação deles é, de modo geral, conforme o tipo de coação que tem em vista a preservação da casa.

E isso é, por si mesmo, conhecido entre os versados de algum modo nessa ciência. [§6] De modo geral, como diz Platão, a primeira divisão dessa cidade resultará em duas cidades: uma delas, a cidade dos pobres, a outra, a dos ricos; em seguida, de qualquer uma dessas duas ramificam-se muitas outras. E, se os pobres dessa cidade adquirirem as riquezas dos ricos, haverá então, nessa única cidade dentre as cidades ignorantes[84], uma disposição no combate tal como é a disposição no combate entre duas cidades. [§7] Por isso, essa cidade da qual falamos agora, isto é, a excelente, é muito grandiosa, tem grande virtude, embora não haja nela senão mil guerreiros de elite[85]. Tais guerreiros de elite, de fato, são aqueles dos quais se diz que vinte vencem duzentos. Se queremos que ela seja uma cidade excelente, aquela cidade não deve ser de uma dimensão qualquer, mas não deve ser pequena, de maneira que outras próximas a ela possam submetê-la; tampouco deve ser tão grande, de modo que não possa haver nela ajuda comunitária, como a ação de lavrar e as outras que dizem respeito ao sustento.

[§8] Disse que os senhores dessa cidade devem determinar a sua dimensão no que se refere ao grande e ao pequeno [número]

82 Apud trad. Elia del Medigo: "Reliquae autem politicae sunt multae politicae verae, quamvis habitatio eorum sit in uno loco".

83 Averróis se refere às cidades de seu tempo.

84 Referência a Al-Fārābī, que chama de "ignorantes" as cidades não virtuosas por oposição à cidade virtuosa. Cf. Al-Fārābī. *On the Perfect State* (*Mabādi' Ārā' Ahl al-Madīnat al-Faḍilah*). (1985[1]). (Edição bilíngue árabe-inglês.) Revised text with introduction, translation, and commentary by R. Walzer. Oxford: Oxford University Press, 1998[2].

85 Apud trad. Elia del Medigo: "non sint in ea nisi mille homicidae".

e determinar-lhe ainda o número dos guardiões e o número de cada um dos gêneros dentre os gêneros de artesãos. Com efeito, a disposição em tal cidade é como a disposição nos entes naturais. Assim, as operações humanas não se efetuam, de fato, conforme qualquer medida pequena, como se diz nas fábulas a respeito de homens cuja altura é de um côvado, nem conforme qualquer medida indeterminada segundo a grandeza, como se narra que houve antigamente [alguns] cuja altura era de sessenta braças e [narrativas] semelhantes a essa, mas de acordo com a medida adequada, que se encontra em muitos homens. [§ 9] E isso não ocorre apenas nas disposições das coisas naturais, mas também nas das artificiais. Com efeito, não é de acordo com qualquer medida em que o canto for composto que ele provém da própria melodia à qual está adaptado. [§ XXII, 1] E como isso é assim, alguém perguntaria qual deve ser a dimensão dessa cidade e qual deve ser o número de guardiões nela.

Digamos que isso se diversifica de acordo com o tempo e o lugar e os reinos próximos a ela. Por isso, a dimensão dela consiste na virtude cogitativa política, a saber, a virtude prática[86], a qual avalia essas ideias universais consoante ao que deve estar em ato no que é material[87]. [§ 2] Conforme lhe pareceu de acordo com o seu tempo e reinos próximos a ele, Platão acreditou que bastaria que houvesse, como guardiões, em tal cidade, mil guerreiros de elite. Galeno ainda o criticou sobre essa [opinião] e disse que, se ele tivesse conhecimento a esse respeito, ele próprio teria visto que o que disse é absurdo. Ele queria se referir à grandeza do império encontrado em nossos tempos (*sic*). O que parece constar acerca do pensamento de Platão é que ele não enunciou tal sentença pretendendo que ela fosse invariável, como o são outras coisas universais que ele estabeleceu aqui, mas disse isso de acordo com o seu tempo e de acordo com a sua gente, a saber, os gregos.

86 A sabedoria política, conforme *Ética Nicomaqueia*, implica a virtude prática da prudência ou sabedoria prática (*phrónesis*).

87 Apud trad. Elia del Medigo: "Et ideo mensuratio huius consistit in virtute cogitativa politica scilicet virtute experimentali, quae mensurat istas intentiones universales secundum quod debent esse actualiter in materiis".

Se até nós vemos que essa cidade deve lutar com todos os outros homens, como, pois, Platão não teria visto? [§3] Talvez alguém diga que Platão pretendeu que a reunião de uma única cidade não deve ser maior do que essa dimensão, a saber, em um único lugar. Depois, porém, formaram-se muitas outras cidades conforme um número adequado, mas, embora isso seja assim, também a disposição nessa dimensão se diversificará conforme os lugares. Contudo, qualquer reunião e [qualquer] cidade dentre as cidades excelentes deve ter uma dimensão determinada, a saber, qualquer uma delas.

Se, porém, essas cidades têm um número determinado que é visado, parece que a verdade nisso está de acordo com todos os climas naturais ou todos os homens naturais[88]. E isso foi abordado na lei enviada aos Vermelhos e aos Negros[89]. Platão não deu crédito a esse procedimento. Ora, essa é a constituição de Aristóteles e é a verdade indubitável. [§4] [Platão] disse que esta intenção, a saber, que essa cidade tem uma dimensão determinada, é mais formal quanto a eles do que o que já foi dito, ou seja, que às vezes é acolhido um filho de ouro ou de prata, embora seja um filho de chumbo, e é posto entre os guardiões. De modo semelhante, quando guardiões têm um filho de chumbo, ele é posto entre os outros, e isso para que tenham uma união natural (i.e., de acordo com a natureza deles). Uma vez que cada um deles concorre em uma única intenção, a saber, a intenção segundo a qual é fundada a cidade, [§5] e, de modo geral, todos esses mandatos e decretos que ordenam a preservação dessas leis e outros, que em seguida se dirão a respeito da união sexual, do nascimento e do resto, não são coisas de

88 Apud trad. Elia del Medigo: "homines naturales". Na tradução de Lerner lê-se: "then the truth of this ought to be shown by conformity of this opinion to the natural climates or the natural people" (46:15-20).

89 Referência ao *ḥadīṯ*: "*bucittu ilà kulli al-aḥmara wa-al-aswad*" ("Fui enviado ao vermelho e ao negro"), tradição tornada proverbial e citada para testemunhar a universalidade da missão de Muḥammad. Cf. M. Geoffroy, in: Averróis. *Discours décisif*. Tradução e notas de M. Geoffroy. Introdução de A. de Libera. Paris: Flammarion, 1996, p. 189, nota 47. Na tradução latina de Elia del Medigo, a expressão é pluralizada: "Et hoc tactum fuit in lege missa ad Rubeos et ad Nigros".

monta que entristecem tais homens, mas todas lhes parecem coisas pequenas quando conservam tudo conforme a bondade na qual são educados, de acordo com os corretivos que mencionamos, a saber, a música e o exercício físico.

[§6] Por isso, devemos ter muito cuidado e insistir em que não haja qualquer inovação na música, principalmente o que foi estabelecido em outras leis. De fato, se por acaso houver mudança, facilmente [será] para uma cidade sem cogitação. Com efeito, pouco a pouco haverá disposições alimentadas na alma, de modo que finalmente as leis e os estatutos sejam destruídos. [§7] A respeito da disposição de tais homens, é manifesto que, quando educados conforme essas leis universais e ensinamentos gerais, podem chegar a muitas leis particulares e ótimas correções [dos hábitos], como, por exemplo, honrar os pais e não falar em presença dos mais velhos, e outras leis relativas às ações. Por isso, tais coisas particulares não devem ser estabelecidas como leis; de fato, quando as leis universais são bem estabelecidas, levam os cidadãos facilmente e por si próprios a essas leis particulares.

Com efeito, cada um dos homens é levado para o lado ao qual o seu crescimento na correção e a sua natureza o levam, se bom, para o bem, se mau, para o mal. [§8] Por isso, quem se preocupa em estabelecer tais leis particulares sem o estabelecimento das [leis] universais, assim como ocorre com muitos legisladores, é, de fato, semelhante ao médico que, ao tratar de enfermos, não os deixa comer nem beber nem se unir [sexualmente] conforme o [excessivo ou insuficiente] apetite deles. De fato, eles (i.e., os enfermos) não recebem nenhuma ajuda de tal tratamento. Com efeito, conforme esses tratamentos, suas enfermidades se prolongam em maiores transtornos.

Por isso, tentando estabelecer tais leis particulares, [o legislador] nunca cessa de corrigir as disposições dos homens. E eles próprios (i.e., os cidadãos) confiarão nele (i.e., no legislador), e ele próprio (i.e., o legislador) julga chegar a um fim ao qual é impossível chegar. E podes esclarecer isso a partir de muitos legisladores cujos discursos e ditos narrativos chegaram a nós. [§9] Mas, como diz

Platão, a disposição em tentar corrigir essas cidades é como se alguém cortasse uma só dentre as cabeças de grandes serpentes: de fato, ele faz uma coisa inútil. Na verdade, elas expelem veneno pelas cabeças remanescentes. E já que é assim, é necessário estabelecer, em primeiro lugar, leis universais semelhantes às que foram enunciadas e que serão enunciadas posteriormente.

[§10] Disse: mas ele (i.e., Platão) deixa de lado a lei estabelecida sobre as reuniões, orações, sacrifícios e oferendas que nas almas induzem à submissão, à obediência, ao engrandecimento de Deus e dos anjos, porque Deus ordenou a respeito disso na profecia, como se ele acreditasse que essas são coisas divinas e que o que delas se diz na cidade devemos admiti-lo tal como é. Com efeito, elas são como que coisas comuns a todas as leis e prescrições legais. [§XXIII, 1] E porque Platão, no início desse livro, já investigou acerca da equidade[90] – o que é que destruiu o que foi dito acerca da equidade por opiniões notórias em seu tempo – e prometeu explicar primeiro a natureza da equidade na cidade – para depois explicar a natureza da equidade em uma alma –, porque isso é mais conhecido na cidade, [§2] disse: o exemplo disso é como se alguém nos dissesse para ler uma escrita com letras miúdas que está distante de nós e vemos que o texto foi escrito com letras grandes e posto num lugar mais próximo.

Parece-nos, com efeito, que seja adequado examinar primeiro o livro cujas letras são grandes e lê-lo primeiro, e, quando o entendermos, então será fácil ler aquele cujas letras são pequenas. [§3] Semelhante é a disposição a respeito da equidade da cidade e de uma alma. Mas, como dissemos, quando começou a desenvolver o discurso sobre a natureza da equidade, começou a explicar de que modo é a vida da cidade equitativa. Quando chegou a esse ponto, quis explicar a natureza da equidade depois que isso fosse visto, como que de modo manifesto, a partir do que seria dito sobre a vida da cidade. [§4] E, de modo semelhante, também se verá, por meio disso, que ela (i.e., a cidade)

90 Apud trad. Elia del Medigo: *de aequalitate*. Corresponde à justiça da *República*.

é sábia, corajosa, abstinente e reta[91]. E, a respeito dessas quatro virtudes encontradas naquela cidade, [Platão] quer examinar o seguinte: qual é a natureza de cada uma delas e em que parte [da cidade] se encontram. [§5] E começou a respeito da ciência.

Disse que é manifesto que essa cidade é sábia, tendo conhecimento e doutrina[92]. Ora, ela é de boa opinião acerca de todas as leis e constituições das quais tratamos e do bom governo. A boa medida, também a boa deliberação[93], está nela por causa da ciência nas artes operativas, como a agricultura, a carpintaria e outras. E, já que é assim, ela é dotada de ciência referente ao conhecimento no qual nos detemos[94].

É manifesto que essa ciência estará completa uma vez que se conheça o fim humano. De fato, esse governo imita aquele fim para o qual são dirigidas todas as operações. É manifesto que o fim humano é conhecido por meio das ciências especulativas.

Essa associação política é necessariamente sábia conforme ambos os conhecimentos simultaneamente, isto é, os operativos e os especulativos. [§6] Ora, em que parte deve estar essa ciência? Deve, com efeito, estar na menor parte dessa cidade, constituída pelos filósofos. De fato, essas naturezas são menos encontradas que as restantes naturezas dos artífices que trabalham, e está claro que essa ciência deve estar estabelecida no

91 Apud trad. Elia del Medigo: "sapiens et fortis et abstinens et recta", virtudes que correspondem às quatro virtudes cardinais enunciadas na *República*: sabedoria, coragem, moderação e justiça.

92 O termo latino *doctrina, -ae* pode ser traduzido por arte (no sentido de disciplina), ciência, teoria e doutrina. Preferimos manter "doutrina" no sentido amplo de "sistema formulado por princípios que servem de fundamento para as ações de determinada política", pois a frase seguinte indica que se trata de uma sabedoria relativa à promulgação de leis e constituições do bom governo. E a própria sequência do texto, como veremos, indica ser esse o sentido. Trad. Lerner 48:14: "this city is wise, possessing knowledge"; trad. Rosenthal I.xxiii.5: "wise, and possessing knowledge and wisdom"; trad. Cruz Hernández, p. 49: "sábia e possuidora de conhecimentos".

93 Apud trad. Elia del Medigo: *ponderatio*. Seguimos a explicação de Rosenthal, que observa em nota de rodapé que o termo que aparece na versão hebraica é uma hebraização do árabe *mashwara*, correspondente ao grego *euboulía* (boa deliberação). Cf. Rosenthal, in trad. Rosenthal, p. 156, n. 4.

94 Ou seja, o conhecimento prático (que tem a parte teórica e a parte prática, como, por exemplo, a ética e a política, que são a parte teórica e a parte prática da ciência política).

senhor da cidade que tem o domínio sobre ela. Portanto, já que é assim, os chefes dessa cidade são necessariamente os sábios. Sobre o mencionado conhecimento nessa cidade, já dissemos, pois, o que ela conhece e em que parte dela [está o conhecimento]. [§7] A coragem atribuída a essa cidade, porém, é a manutenção em tal conhecimento e a busca de sua coragem em todos os homens naturais. E isso em qualquer disposição, a saber, de acordo com a coragem e a debilidade. Ora, por "coragem", entendo o que está relacionado ao temor e à tristeza, e por "debilidade", o que está relacionado aos apetites. É manifesto que o vulgo nessa parte será conforme essa disposição, quando for concebido de acordo com as propriedades das quais falamos e corrigido de acordo com aqueles corretivos, a saber, a música e o exercício físico. De fato, quando forem conforme aquele modo, será difícil que, por causa do temor ou do apetite, essa opinião seja removida de suas almas; mas, quando não estiverem habituados conforme o referido regime, será facilmente removida de suas almas. [§8] Ora, Platão sustenta que esse modo é como o usado pelos tintureiros: de fato, quando eles querem tingir com a cor de camelo, primeiro escolhem uma manta branca, depois a preparam para que receba a tintura com abundância, de modo que a absorção da cor de camelo se dê conforme a melhor disposição. E isso [ocorre] quando a tintura for posta nela e bem fixada, de modo que não seja possível remover aquela tintura esfregando-a. Quando, porém, tal pano não é disposto de acordo com tal disposição, a tintura lhe será removida quando for esfregado. [§9] Essa é a disposição dos guardiões. De fato, quando não são educados conforme os corretivos de que falamos e as naturezas deles não são escolhidas, sem dúvida essa opinião é removida de suas almas assim como é removida a tintura. O prazer, de fato, é a mais forte das coisas na eliminação das virtudes e o que mais as afasta, e similarmente a tristeza e o temor. Ora, é manifesto em que parte dessa cidade está essa conduta, a saber, a coragem, e a quem é atribuída. De fato, é atribuída a esses homens cujas naturezas escolhemos para a defesa e a quem organizamos. Com efeito, é manifesto que não se diz da cidade que ela é corajosa ou pusilânime em todas as suas partes, nem em qualquer parte dela, a saber, no gênero dos ricos ou no gênero dos artífices manuais, mas apenas no gênero da defesa. Logo, já está dito o que essa virtude é e a que parte das partes da cidade é atribuída. [§ 10] Resta, portanto, falar das duas virtudes remanescentes, que são a abstinência e a equidade[95]: o que são e a que partes da <filosofia>[96] cidade são atribuídas. Digamos que a abstinência é certa propriedade da medida no alimento e na união sexual. Ora, abstinente é alguém que pode por si mesmo permanecer sempre em tal medida; por isso, diz--se que a abstinência é certa contenção da alma com respeito aos prazeres e aos apetites. Assim se diz que o abstinente é mais forte que ele mesmo[97].

E o significado disso é que no homem – porque nele [há] uma parte mais nobre, que é o intelecto, e uma parte menos nobre, que é a alma apetitiva –, quando a mais nobre é mais forte do que a menos nobre e a menos nobre obedece-lhe, diz--se que essa parte é mais forte nele; e quando obedece ou é submetida pela menos nobre, seja por causa do costume seja por algo diverso, diz-se ser mais obediente e submissa; e isso não se converte[98]. [§ 11] E se isso for assim, é evidente que essa cidade deve ser mais forte que as outras e mais forte que ela própria, e que essa virtude não deve estar apenas em um gênero dentre os gêneros da cidade, mas no nobre e em todo o vulgo. Sem a abstinência, com efeito, nenhuma operação humana é dita operação de acordo com a virtude. De fato, a disposição a respeito da abstinência não é como [as disposições] a respeito

95 Apud trad. Elia del Medigo: *abstinentia et aequalitas*, termos que correspondem à temperança (ou moderação) e à justiça na *República*.

96 Suprimido na edição latina. Com razão os editores italianos suprimiram "filosofia", pois o discurso de Platão refere-se à cidade e às partes da cidade, isto é, aos cidadãos que compõem cada parte. A cada uma dessas partes correspondem uma ou mais virtudes.

97 Sobre a expressão "mais forte que si mesmo", ver *República* 430e – 431a. Trad. Mantino 348b: "ipsum sibi ipsi dominari" ("dominar-se a si mesmo").

98 Proposição conversa; significa que não se pode tomar a proposição conversa como verdadeira.

da sabedoria e da coragem, as quais são atribuídas à cidade porque estão [cada qual] na sua parte, mas essa virtude deve ser estendida à cidade toda e imputada a todos de um só modo desde o princípio de sua criação, a saber, que sejam ágeis nela e que seja afastado o seu oposto. Já dissemos, portanto, o que é a abstinência e de que modo é atribuída à cidade.

[§12] Restou a quarta virtude, aquela sobre a qual a investigação tratou desde o início, que é a equidade. Digamos que a equidade em tal cidade, e a verdade da opinião que a equidade produz, nada mais é senão o que antes foi dito acerca do regime nessa cidade, a saber, que cada um se dedique a uma única operação dentre as operações da cidade, que é a operação para a qual está apto conforme a sua natureza. Essa é a retidão que confere à cidade preservação e permanência, o que será contínuo nela e lhe concede as três virtudes das quais acabamos de falar. [§13] Isso ocorrerá quando os senhores e o vulgo concordarem quanto à preservação das leis, de modo que seja esta a disposição encontrada nas crianças, nas mulheres, nos servos, nos filhos dos homens livres, nos senhores, no vulgo e, de modo geral, em todas as partes dela, a saber, que cada um execute a operação que lhe é natural e não deseje o que não lhe é natural.

[§14] Já que isso é assim, essa cidade é equitativa conforme os seus agrupamentos, de modo que a retidão nela é a operação de cada cidadão no que é próprio dele. Esta é a equidade citadina – assim como a não equidade nas cidades, que é causa de injustiça, nada mais é do que algum dos cidadãos querer estar ocupado com mais de uma única coisa e passar de coisa em coisa, de operação em operação e de grau em grau. Com efeito, embora se julgue não ser nocivo nas artes operativas, o prejuízo disso aparece na mudança de gênero, por exemplo, que os ricos se tornem pobres, de modo que depois eles ingressem no comando.

Isso é difícil na primazia: com efeito, isso introduz muitos prejuízos, e tu podes esclarecer isso pela disposição dessas cidades[99]. Portanto, já foi explicado pelo próprio discurso o que é a equidade e o que é coisa comum a todas as partes da cidade. [§ XXIV, 1] Quando [Platão] acabou de explicar a natureza da equidade nas cidades, pôs-se a investigar se essa noção[100] também está numa alma e se é conveniente o que foi dito sobre isso na cidade; se não, seria preciso investigar de novo sobre a cidade. Com efeito, as coisas que se diversificam segundo o grande e o pequeno são de um único gênero, e, em nenhum deles, há uma noção oposta a outra, logo, é preciso necessariamente que a equidade em uma alma, e a noção nela, seja a mesma na cidade.

[§ 2] Disse: já foi dito que é preciso que a retidão na cidade seja de qualquer uma das três naturezas – a saber, a natureza da cognição, a natureza do irascível e a natureza apetitiva – a fazer o que é adequado a ela conforme a medida adequada e conforme o tempo adequado. Por isso, que se diga que aquela cidade é sábia, corajosa e abstinente. E se essas espécies são encontradas em uma única alma, então a verdade da opinião em uma alma e a equidade significam tão somente que essas virtudes sejam conforme a retidão delas como é na cidade, de modo que a parte cogitativa seja dominante sobre essas virtudes, e as demais virtudes, obedientes a ela. É manifesto que se não houvesse essas virtudes na alma, não seria possível havê-las na cidade. Na verdade, essas coisas não são encontradas a partir de outra coisa, a não ser a partir dos homens. [§ 3] Já foi explicado na ciência natural que neles há duas potências opostas: uma delas é a cogitativa, e a outra, a apetitiva, e isso é evidente. Nós, às vezes, desejamos algo e não o fazemos.

Ora, quanto ao apetite, um é irascível, e o outro, prazeroso: isso também é manifesto. Vemos, de fato, que a ira às vezes luta contra o apetite do prazer e o vence; é como um instrumento pelo qual tem o domínio sobre ele (i.e., o apetite do prazer); por isso, sem a cogitação, muitas vezes nós nos iramos na ocorrência dos apetites. [§ 4] Como tudo isso é como dissemos, na alma há

99 Averróis se refere às cidades de seu tempo.
100 Apud trad. Elia del Medigo: *intentio*.

três potências, como em uma única cidade; mas a causa de que estejam na cidade é que estão em um única alma. [§5] A equidade, portanto, que há em uma única alma e a retidão são para que qualquer parte dela opere conforme o que lhe é adequado, como é a disposição na cidade: que a espécie cogitativa seja dominante porque é sábia e domine em toda a alma. A espécie irascível obedece-lhe (i.e., à cogitativa): desejando em meio a uma agitação, é movida por ela mesma e luta contra as outras. [§6] Essa junção em uma única alma perfaz-se pela música e pelo exercício físico. Ora, o exercício físico fortalece a alma irascível e lhe dá coragem. A música a faz correta, obediente à cogitativa; essas duas partes (i.e., a irascível e a prazerosa), quando crescem conforme tal modo, ficam sob o arbítrio daquela parte (i.e., da cogitativa) e da correção dela.

[§7] Por causa disso, alguém é chamado sábio conforme a parte de acordo com a qual a cidade foi chamada sábia; é chamado corajoso e abstinente também por causa daquelas partes (i.e., coragem e abstinência). De fato, o homem corajoso é o que se faz [corajoso] em qualquer hora por meio do que a cogitação comanda e ordena a partir dele. Entendo por "todas as horas" as horas do temor, da tristeza e do apetite. Conforme isso, como está dito, foi definida a coragem política. [§8] De modo semelhante, o homem sábio é aquele em que a parte cogitativa é sempre dominante sobre as outras partes, como é a disposição na cidade.

Também a disposição da abstinência em um único homem é a disposição na noção de abstinência na cidade de acordo com a finalidade da vontade. Logo, já está por isso esclarecido que o que é equidade e retidão em uma única alma é equidade e retidão na cidade. [§9] E, a partir disso, parece que o que é não retidão e injustiça em uma única alma é o mesmo que injustiça e não retidão nas cidades ignorantes. Isso nada mais é que dominem aquelas virtudes e que dentre elas seja dominada a que não é adequada para dominar, de modo que seja dominada a alma irascível ou a alma apetitiva concupiscível. E nisso a disposição [da alma] é como a disposição de um corpo na sua saúde e doença, como, de fato, a saúde do corpo consiste no equilíbrio dos humores[101] e no domínio da natureza sobre eles; mas a sua doença ocorre quando [os humores] são desequilibrados e a dominam (i.e., dominam a natureza do corpo), assim é a disposição da alma. De fato, a saúde dela ocorre quando obedece à virtude cogitativa, e a sua doença quando [uma outra parte da alma] domina esta. [§ 10] Por isso, a virtude são saúde e beleza, e o vício é uma doença; e como a saúde é uma só, assim a virtude é uma só. [§ 11] Por isso, a cidade excelente é uma só. Os vícios, porém, são muitos e diversos, como as doenças são muitas e diversas; por isso, as cidades ignorantes são muitas e diversas. As espécies, porém, se reduzem a quatro gêneros[102], como será dito depois. [§ 12] Entretanto, o governo da cidade excelente tem duas denominações: um é o governo do príncipe, quando nela há um único senhor[103]. O segundo, porém, é o domínio dos virtuosos quando os príncipes são mais de um[104]. [§ XXV, 1] Quando [Platão] completou o discurso a respeito dos gêneros das virtudes que há nessa cidade, voltou ao que lhe faltava a respeito da disposição dos guardiões, que é o modo da união sexual, o modo da educação dos filhos e o modo da geração deles. [§ 2] Digamos que é manifesto que queremos que as naturezas desses guardiões sejam preservadas por meio da geração, a saber, que gerem semelhantes a eles, que no mais das vezes não tenham uniões sexuais com qualquer mulher que queiram, mas com mulheres semelhantes a eles de acordo com a natureza e que tenham sido educadas conforme aqueles corretivos.

Isso é necessário não somente entre os guardiões, mas em qualquer gênero dos gêneros de cidadãos. [§ 3] Por isso, é aqui o lugar para investigar se as naturezas das mulheres são semelhantes às naturezas de qualquer gênero dos gêneros de cidadãos, e sobretudo dos guardiões, ou se são distintas das naturezas dos homens.

101 Apud trad. Elia del Medigo: "consistit in aequalitate humorum".

102 Isto é, os quatro regimes imperfeitos: a timocracia, a oligarquia, a democracia e a tirania, tema do Livro III do comentário de Averróis.

103 Ou seja, a monaquia.

104 Ou seja, a aristocracia.

Se for o primeiro caso, as mulheres então participam nas operações civis em que participam os homens, de tal modo que haja entre elas guerreiras de elite, filósofas, chefes[105] e demais [ocupações].

Se não for assim, as mulheres, na cidade, serão então aptas para certas operações para as quais não são aptos os homens, como, por exemplo, a educação, a geração e semelhantes.

[§4] Digamos que as mulheres, visto que juntas com os homens são uma única espécie em relação ao fim humano, compartilham nisso necessariamente, mas se diversificam conforme o mais e o menos, isto é, na maior parte das operações humanas, o homem está mais preparado do que as mulheres.

Assim, não é impossível que as mulheres sejam mais aptas em certas operações, como se pensa a respeito da prática da música. Por isso, a respeito das canções, diz-se que ficam perfeitas quando são iniciadas pelos homens e cantadas pelas mulheres.

Já que isso é assim, e a natureza dos homens e das mulheres é uma de acordo com a espécie, e, conforme a espécie na cidade, uma única natureza visa a uma única operação, é manifesto, por isso, que, naquela cidade, as mulheres ingressam em operações que são também dos homens, só que nisso elas são apenas mais fracas.

[§5] Por isso, é necessário que sejam dadas a elas obras mais exequíveis, e o que é "mais exequível" é claro indutivamente[106].

De um lado, vemos que as mulheres compartilham com os homens muitas artes, a não ser que nisso sejam mais fracas. De outro, a maior parte das mulheres é mais apta que os homens em algumas artes, como a tecelagem, a fiação, a costura e outras semelhantes.

105 Apud trad. Elia del Medigo: *dominae*. Seguimos a argumentação ao traduzir por "chefes".

106 Apud trad. Elia del Medigo: "Et ideo oportet ut dentur eis opera magis manifesta, et hoc patet inductive manifeste". A nossa tradução é uma tentativa, dada a obscuridade do texto.

[§ 6] A participação delas, porém, na arte guerreira e semelhantes é evidente entre os berberes e nas cidades das mulheres[107].

[§ 7] E, de modo semelhante, há também certas mulheres de boa disposição e de sutil inteligência, de modo que não é impossível que sejam sábias e chefes.

Mas porque é evidente que tal gênero delas é pouco numeroso, algumas leis não admitem que as mulheres sejam sacerdotes[108] governantes, a saber, o sacerdócio supremo[109].

Mas porque isso não é impossível entre elas, algumas leis[110] não proíbem isto.

[§ 8] Isso é óbvio indutivamente também em outros animais, a saber, que as fêmeas devem ser guardiãs, e isso nos animais aos quais foram assemelhados os guardiões, como foi dito.

Vemos, de fato, que as fêmeas dos cães protegem aquilo que é protegido pelos machos e atacam as serpentes e outros [animais] como os machos, salvo que nisso elas são mais fracas. Por isso, às vezes, a natureza pôs no macho um órgão por meio do qual ele luta e não o pôs na fêmea, como acontece no porco. Já que os

107 Apud trad. Elia del Medigo: Barbaria et Al-Tegor. Apud trad. Mantino 349I: "cum in aliis pluribus, tum in his, quae nonnullis in partibus Africae habitant". Quanto a Barbaria, optamos traduzir por "berberes", pois são habitantes do deserto, como sugerem as traduções de Lerner e de Rosenthal. Quanto a "Al-Tegor", Rosenthal traduz por "vilarejos de fronteira" (ver sua explicação na p. 165, nota 3) e Lerner, por "Cidade das Mulheres" (ver sua explicação na p. 58, nota 53.23). Cruz Hernández observa que é possível tratar-se de "Dāgūda, a mítica cidade das mulheres, que os autores árabes identificam com uma ilha atlântica (Al-Idrīsī), ou de Dagūr e outros tantos lugares, inclusive o reino astur-leonês: *Jilliqiyyūn*" (trad. Cruz Hernandez, p. 56, nota 87).

108 Elia del Medigo traduziu o substantivo hebraico *kohen* por "sacerdote", porque uma das acepções do termo é a bíblica, que se refere a alguém destinado a ser sacerdote. Há, porém, um segundo significado, que se refere a alguém de posição elevada. O hebraico *kohen* pode ter traduzido o árabe *imām*. Na língua árabe, *imām* designa aquele que está à frente, que conduz, que lidera. De origem pré-islâmica, o título de *imām*, que mais tarde seria o título oficial dos califas, pertencia ao chefe da tribo. Com os omíadas, o apelativo *imām* (isto é, líder dos muçulmanos) difundiu-se na língua corrente e, por vezes, designava também membros da família do califa. Com o sentido geral de líder, *imām* passou a designar também aquele que conduz as orações; pode ainda designar o chefe de um grupo militar, mas o principal e mais importante apelativo é dado ao califa, chefe da comunidade dos muçulmanos.

109 Isto é, o imamato supremo, que compreende a instituição do posto de califa.

110 No sentido de legislação mais ampla, como, por exemplo, a Lei da Torá dada aos judeus e a Lei do Corão dada aos muçulmanos.

órgãos por meio dos quais lutam os animais – cujo hábito é lutar na maioria das vezes – são iguais na fêmea e no macho, parece que a operação das fêmeas é também essa [mesma] operação.

[§9] Contudo, nessas cidades[111], fica oculta a aptidão das mulheres, pois elas são tomadas apenas para a geração. Por isso, pode acontecer que sejam servas de seus maridos para a geração, nutrição e amamentação das crianças; isso destrói ou debilita as operações delas. E porque as mulheres não são dirigidas para alguma virtude dentre as virtudes humanas nessas cidades, nelas muito se assemelham a vegetais, e nelas são todas causa de tédio para seus maridos, daí ser esta uma das causas da pobreza dessas cidades. [§10] De fato, elas têm os órgãos como os homens; contudo, não se exercitam em alguma operação dentre as operações necessárias, exceto em algumas poucas que às vezes aceitam: quando são instadas por seus maridos a suprir as carências deles quanto à sua alimentação e em algumas artes, como fiação e tecelagem, ou quando elas próprias precisam; e isso tudo é manifesto por si.

[§11] Isso sendo assim e tendo já sido explicado a respeito da disposição das mulheres, que elas compartilham com os homens na luta em tudo o mais, é necessário buscar as condições da escolha daquelas naturezas que buscamos nos homens, para que sejam corrigidas por meio dos corretivos da música e do exercício físico. Elas não têm muito para saírem armadas com os homens na luta, porque são desprovidas [de tudo exceto] de virtude[112]. Como estava claro para ele (i.e., para Platão) que as

111 A crítica de Averróis se dirige aos costumes das cidades de sua época. Sobre Averróis e as mulheres, ver Belo, C. Some Considerations on Averroes's Views Regarding Women and Their Role in Society. *Journal of Islamic Studies*. Oxford University Press/ Oxford Centre for Islamic Studies, n. 20, v. 1, 2009, p. 1-20.

112 Apud trad. Elia del Medigo: "Et non habent per- multitudinem ut exeant armatae cum hominibus in pugna, quia sunt vacuae in virtute". O texto parece corrupto. Lerner 54: 15-20: "They have no [cover] on them when they practice gymnastic with men, since they will be devoid of [everything save] virtue". Trad. Mantino 350B: "Et sic mulierum corpora, quae cum viris in gymnasio bellico exercentur denudanda erunt, cum virtus illis pro optimo vestimento inducenda sit". ("E assim estavam desnudos os corpos das mulheres que, no ginásio, se exercitavam com os homens para a guerra, já que a virtude lhes servia de excelente veste para se cobrirem.")

mulheres entram na guarda como os homens, e essas guardiãs permanecem com os homens em um único lugar, porque não há para nenhum deles, que estão em tal cidade nobre de guardiões, uma habitação própria para eles e porque a alimentação deles é comum, [§12] disse que, sem dúvida, quando a necessidade leva a buscar uma união sexual, esta não lhes deve ser lícita quando querem nem com quem querem. Nós, de fato, queremos que esta operação neles seja humana e não aconteça de qualquer modo, e que o arranjo deles na geração seja conforme a melhor disposição com cuidado, em tempos determinados e em condições determinadas. Isso é como que comum a outras leis e cidades, ainda que nisso os legisladores divirjam, de acordo com diferentes posições em referência a tais coisas.

[§13] Explicaremos brevemente aqui o que Platão acredita em relação a tais assuntos. Digamos que, quanto ao tempo em que deve haver a união sexual desses guardiões, parece que a conveniência dela visa à preservação das espécies deles, e, de modo semelhante, à frequência e à raridade dela. Isso se diversifica de acordo com a ocorrência de lutas e outras coisas dentre as que criam necessidade para a frequência das relações sexuais e para a raridade delas. Mas, em tal cidade, qual indivíduo deve ter relações sexuais e com qual indivíduo? Com efeito, deve ser um indivíduo dentre os semelhantes entre si para que seja conservada nos filhos a bondade da disposição e da natureza. Assim, quem quer ter cães de caça e aves de rapina exige que as naturezas nobres daqueles animais se unam com a natureza nobre daquele gênero para que o filhote seja conforme aquele modo e muito mais forte; isso deve ser feito em tal cidade e nesse assunto.

[§14] Por isso, não deve ser lícito a quem quer ter filhos naquela cidade unir-se sexualmente em quaisquer anos que queira, mas na idade melhor. Como diz Platão, nas mulheres, é de vinte a trinta, e nos homens, de trinta a cinquenta e cinco [anos]. [§XXVI, 1] Mas as disposições conforme as quais ele acreditava que deve ser a união sexual destes guardiões e a disposição dos filhos é que essas mulheres sejam comuns a todos os homens e que uma delas não more com um determinado homem, como ocorre nessas cidades, e que os filhos deles sejam também comuns. Ora, a comunidade nas mulheres deve ser do seguinte modo: é preciso que as mulheres morem juntas com os homens, sem que lhes seja lícito se unirem sexualmente. [§2] Quando, porém, os senhores veem que há necessidade para a geração, ordenam que se façam na cidade casamentos entre esposos e esposas, que se façam sacrifícios, que se ofereçam dons ao senhor e se façam orações que invoquem Deus para que os ajude e os torne felizes, e ordenam um canto, de modo que recebam versos e cantos adequados para os casamentos, e, de modo geral, que os cidadãos se reúnam nesses encontros. [§3] Depois, que se reúnam as mulheres e os homens e o façam com cuidado, de modo oculto[113], quando os filhos querem receber mulheres. O cuidado, porém, se faz de tal modo que cada um deles acredita que a mulher chegou a ele casualmente: por isso, parece-lhes que são comuns a eles. Eles, contudo, fazem isso de tal modo que haja uma união entre um homem e uma mulher, de maneira que a boa espécie de mulher seja dada à boa espécie de homem e a má à má, de maneira, porém, que nenhum dos cidadãos saiba disso, exceto os senhores. Galeno já mencionou que tem um opúsculo sobre o modo de tal cuidado.

[§4] De fato, de acordo com o modo dessa operação, reúnem-se duas intenções: uma delas reduz as mulheres a serem comuns; [a outra,] de modo semelhante, conserva a boa natureza na geração. [§5] Disse: as mulheres são depois separadas dos homens e moram com as que dentre elas estão grávidas até o momento do parto. Quando dão à luz, agimos com cuidado para que não vejam seus filhos, e os filhos de umas são transferidos para outras, ou para nutrizes, ou amas de leite, se as mães não podem amamentá-los. A saber, faz-se isso para que elas vejam que os filhos são comuns a elas, de modo que cada uma delas considera que todos os filhos daquele gênero são seus.

113 Platão indica o sorteio (*kléros*), ver *República* v, 460a.

Os filhos veem que todos os pais são seus pais: e isso tudo por causa da amizade. [§6] Assim sendo, não haverá em tal cidade senão pais, avós, filhos, netos, irmãos e irmãs. E, naquela cidade, haverá graus: o grau de filho é conhecido e o grau de pai também é conhecido, e o grau de avô, de modo que cada filho honre todos os pais com a honra com que qualquer um honra seu pai. Os pais amam todos os filhos com a amizade, ou melhor, o amor com o qual alguém ama seu filho. Por isso, a união sexual em tal cidade é entre irmãos e irmãs. Mas é ilícita, em tal cidade, a união sexual de pais e filhos – ainda que [estes sejam] descendentes – e também, de modo semelhante, de filhos e mães[114], posto que [elas são] ascendentes[115]. Isso para que não se confunda o amor filial com o amor sexual. De fato, quando declina a exaltação dos pais pelos filhos, a cidade necessariamente se corrompe, e essa causa é prevista por todas as leis, embora se diversifiquem nessa determinação, e as leis sobre eles também ficam desproporcionadas. [§7] A idade dos homens, porém, é requerida na união sexual. Mas há dúvida se é lícito a quem deixa passar os anos da união sexual [mantê-las] por causa da capacidade [de procriar], porque é a mais nobre das capacidades necessárias. Platão diz ser-lhes lícito quando não têm filhos na cidade; isso, contudo, deve ser conforme a medida adequada em que é conservada a saúde.

[§8] É manifesto que esses casamentos se multiplicam conforme a necessidade da geração, a saber, conforme a frequência ou a raridade, pois essa cidade deve sempre estar de acordo com um número determinado; isso também na medida em que as mulheres engravidam em qualquer casamento. Galeno se confundiu ao entender as palavras de Platão, se esses casamentos devem ser repetidos ou não, porque ignorou a intenção de Platão. Pois, quando não se repetissem [as mulheres] e permanecesse uma determinada mulher para cada homem, acabaria

114 O texto hebraico consigna "pais" (*avōt*), no sentido de "genitores", no lugar de *matribus* da tradução de Elia del Medigo.

115 Ver *República* v, 461c.

a amizade comum. [§ 9] Cada um deles estaria preocupado em dar os bens à sua esposa mais do que a outras, e essa cidade se tornaria doméstica, e não uma cidade.

Isso é manifesto a quem está acostumado com essa ciência de acordo com Platão. Já que isso é assim, eis o que há de mais longínquo, a saber, que seja lícito a um homem habitar numa casa separada e própria, pois ninguém em tal cidade tem coisa própria, isto é, a disposição da comunhão deles é como a disposição da comunhão dos membros do corpo. Mas os homens se unem com as mulheres nesses casamentos durante a medida de tempo segundo a qual, na maioria da vezes, as mulheres engravidam. Isso é o que acreditou Platão a respeito da comunidade dos filhos e das mulheres. [§ XXVII, 1] Depois, [Platão] começou a apresentar a demonstração de que tais comunidades são necessárias. Começou dizendo que, para o senhor que governa essas cidades, é necessário, no seu governo, buscar o maior bem dessa cidade, assim como é preciso que afaste o maior mal. E não há maior mal no governo dessa cidade do que o regime que torna uma única cidade muitas cidades, assim como nada é tão bom na cidade quanto ela ser unida e una. Já que isso é assim, é manifesto que a comunhão nas alegrias e nas dificuldades leva os cidadãos a serem unidos e associados. De fato, quando eles estão assim dispostos, de modo que todos vivam e morram juntos, sua alegria e sua tristeza são, então, de um modo só.

[§ 2] A desagregação dos cidadãos e o afastamento de cada um deles em tais coisas são o que neles cria a divisão e os confunde e destrói a sua sociedade. Com efeito, alguns deles se alegram e alguns se entristecem de tal maneira que, às vezes, alguns se alegram por causa da tristeza de outros; por isso, diz um provérbio que os danos de alguns homens são alegrias para outros. De modo geral, coisa nenhuma introduz tanto o mal e a confusão na cidade quanto os seus cidadãos dizerem a respeito de alguma coisa: "isto é meu e isto não é meu". Mas a cidade em que o que nela é de um é de todos é a cidade unida e associada naturalmente. [§ 3] Pois a disposição na comunicação entre as partes dessa cidade com a cidade toda é como a disposição na comunicação entre as partes do corpo animal com o corpo todo, na tristeza e no prazer. E, por isso, o corpo todo se aflige quando um único dedo sofre algo, de maneira que [parece que] a aflição está no corpo todo, e diz-se que ele está enfermo; e assim é a disposição nas alegrias e nos prazeres. E já que isso é assim, como dissemos, e é adequado, nas cidades que queremos, que a união que há nelas conforme tal disposição seja a melhor, é manifesto que essa comunhão da qual falamos, de filhos e de mulheres, é mais necessária do que todas as outras. [§ 4] De fato, não é possível dizer de algum desses guardiões que um outro não é próximo dele – nem mesmo consanguíneo –, mas cada um deles, quando se depara com outro, parece-lhe que se depara com seu pai ou seu avô ou sua mãe ou sua avó ou irmão ou irmã ou filho ou filha. Por isso, como dissemos, fazem com os pais o que é adequado de acordo com a lei universal, isto é, que eles (i.e., os pais) sejam respeitados por eles (i.e., os filhos) e que eles os engrandeçam. E esse é o bem máximo na cidade, a saber, que suas partes com o todo concordem nas alegrias e adversidades, como é a disposição nos membros do corpo unidos com o corpo. A disposição na partilha dos filhos e das mulheres é semelhante à [disposição na] partilha das riquezas. [§ 5] Por isso dissemos que não é adequado que uma habitação seja própria de um deles, nem que haja alguma coisa pela qual se separe dos outros, de maneira que um deles habite na sua casa à parte dos outros, e outros também assim o façam. E mais ainda: [não é adequado] que o filho lhe seja próprio, [que tenha] mulheres próprias e lhe aconteçam males próprios e danos próprios.

E, às vezes, como dissemos, é causa da ocorrência de males que lhes acontecem; isso é causa da disputa entre os cidadãos quanto às riquezas e filhos, crianças e mulheres. [§ 6] É manifesto que dessa cidade, quando houver nela tudo conforme aquela disposição, serão afastadas a inveja e a inimizade; de modo semelhante, a pobreza e muitos outros [males] que são encontrados nessas cidades[116]. Por isso, não é preciso estabelecer leis em tal cidade a respeito dos que roubam ou que raptam mulheres ou que matam, nem outras coisas que há nessas cidades, pois esses homens estão no máximo da nobreza e da felicidade e são bem-aventurados aqueles a quem não ocorre nenhum mal dentre os males que ocorrem aos cidadãos dessas cidades. Isso tudo é manifesto por si àquele que observou essas cidades. [§ XXVIII, 1] E, como para ele está claro que aquelas partilhas são necessárias e que as mulheres juntas com os homens devem cuidar dos guardiões, quer estejam na cidade quer saiam para a batalha, como fazem as fêmeas dos cães com seus machos, a saber, que elas compartilham com eles tudo que diz respeito à guarda, [Platão] quer investigar se devem sair para a batalha os filhos deles, para que se tornem excelentes vendo os pais, como ocorre isso nas outras artes, de modo que, quando forem perfeitos, comecem a operar, como se dá em muitas artes, como na arte do ferreiro e na de outros.

Com efeito, eles sempre têm os seus filhos em casa, a fim de que eles os observem durante um tempo e o que fazem antes de operar algo. De fato, não é pequena a diferença entre aprendizes quando se observa o modo de feitura das artes desde o princípio da disposição e quando não se observa. [§ 2] Por motivos mais fortes, isso deve ser assim com os filhos dos guardiões, uma vez que queremos que deles se façam guardiões excelentes ao máximo. Quando seus filhos saem [para a batalha], também se fortalecem a ira e o ardor deles para matar, como parece acontecer com muitos animais cuja luta é muito violenta na presença de seus filhotes.

Mas, porque o cérebro das crianças é muito mole e fraco, frequentemente lhes ocorre a morte. De fato, os pais não podem então cuidar deles; às vezes, põem os pais em risco, e, por isso, é preciso que estes os observem e os conheçam. Dentre eles, os que são medrosos não devem ir à batalha, e os que não são medrosos devem ir, mas somente depois que souberem cavalgar bem. Por cautela, devem dar a eles cavalos mais velhos e que fiquem num

116 Nesta passagem, Averróis indica os males encontrados nas cidades de sua época.

lugar de onde possam ver a batalha. [§3] Em tal cidade, devem estabelecer leis para que se torne artesão mecânico aquele que sai do centro da batalha e joga fora seu escudo e pratica outros atos próprios da fraqueza e covardia; para que seja devolvido às mãos dos inimigos e nunca seja aprisionado aquele que, como cativo, é separado dos outros. E isso é o quanto é possível para ele mesmo, de maneira que seja caçador, assim como são os animais. Deve-se, de fato, estabelecer uma lei para que não espoliem os mortos – muitos do exército morrem depois de tal operação –, para que só tome as armas deles (i.e., dos mortos) aquele que está sem suas armas, como aquele cujo escudo e gládio foram destruídos. [§4] Quanto a esses guardiões, quando estiverem no exército, Platão diz que é conveniente que se aceite cada qual dentre eles que queira ser morto: isso, de fato, os conduz a lutar. [§5] Disse: que estabeleçam que honras determinadas e próprias sejam atribuídas aos que, dentre os guardiões, se distinguem em tal cidade. Que a eles se façam sacrifícios, que cantem os feitos deles em versos e prosa, e, quanto àquele dentre eles que morre lutando, é necessário que se narre a respeito de tais homens desse gênero, que se tornam anjos que andam sobre a terra, santos e puros, e protegem os homens para que não lhes ocorram males e não se tornem viciosos. Devem ser sepultados de acordo com o modo próprio e no lugar próprio; e que em suas sepulturas sejam feitas igrejas e sinagogas nas quais se reze. Algo como que próximo disso deve ser feito àquele que morreu sem ter sido matado[117], quando seu governo foi bom.

[§ XXIX, 1] Quando completou isso, investigou se é adequado aos cidadãos se outros do seu gênero – entendo por gênero a nação e o lugar – lhes sejam submetidos e sirvam sob coação ou se lhes é adequado se aqueles que estão unidos a eles pela língua combatam, incendeiem suas casas e cortem suas árvores. Disse que isso não é adequado que seja feito no próprio gênero; de fato, não é adequado aos gregos, por exemplo, que sirvam sob coação

117 Ou seja, que não foi morto em batalha, mas teve morte natural.

a gregos e sejam subjugados nem que incendeiem as casas deles. Com efeito, isso se chama mais destruição que combate. De fato, esse combate se assemelha a um litígio que nasce entre os homens de uma casa e entre amigos. [§2] Por isso, é preciso estabelecer uma lei que, quando isso acontece, não destruam as casas deles nem cortem as árvores deles nem façam deles servos sob coação. Que se diga deles que erram, mas não que são heréticos.

[§3] Isso que diz Platão é o oposto do que está estabelecido por muitos legisladores. Mas, quanto aos que não são de seu gênero, é fácil fazer tudo isso contra eles. [§XXX, 1] Esta é a intenção do que é dito por Platão acerca da correção desse gênero dentre os gêneros da cidade, a saber, os guardiões, quando há comunhão de uns com outros. E deves saber que a maior parte do que foi dito a respeito da comunhão e da educação conforme a música e o exercício físico é comum a todos os gêneros da cidade, embora o exercício físico se diversifique em cada gênero. De modo semelhante, os discursos fictícios que lhes são ditos na música, pois cada gênero é movido por discursos que levam à operação para a qual aquele gênero está apto naturalmente. Mas Platão não quis dizer essas coisas sobre qualquer gênero dentre os gêneros da cidade. Com efeito, isso se compreende de acordo com a potencialidade próxima pelo que já foi dito a respeito dos guardiões, [§2] e que é necessário ainda discorrer a respeito do gênero dos sábios, do discurso próprio, como ele [Platão] faz depois, e estabelecer o conhecimento das naturezas que são aptas para isso e qual é o modo de correção deles; e quando forem perfeitos, qual será o modo de domínio deles sobre a cidade. E isso é o final do primeiro livro deste Compêndio.

LIVRO II

[§ 1, 1] Já que o governo de uma tal cidade – ou uma tal cidade – é encontrado quando é possível, e [de fato] ocorre quando o rei for filósofo, e de modo semelhante é a disposição para preservá-lo depois de encontrado, a intenção de Platão foi falar sobre a natureza desses [reis] e sobre o modo de sua educação[1]; começou primeiro a falar sobre o filósofo. [§ 2] Disse que este deseja conhecer o ente e considerar a sua natureza abstraída da matéria, e isso foi dito de acordo com a sua posição a respeito das ideias. Deves saber que o filósofo, segundo a primeira intenção, é aquele que alcançou as ciências especulativas de acordo com as quatro condições enumeradas no primeiro [livro] dos [*Analíticos*] *Posteriores*[2].

1 Apud trad. Elia del Medigo: "de modo correctionis eorum".

2 Não foi possível identificar nos *Analíticos Posteriores* as condições que caracterizam o filósofo, segundo Aristóteles. Uma possível interpretação para definir quem é o sábio, "conforme as quatro condições" a que se refere Averróis, pressupõe considerar aquele que alcança o conhecimento racional, tal qual exposto em *Analíticos Posteriores* I, 1, 71a 1; I, 1, 71a 9. Em *Analíticos Posteriores* II, 89b 20, Aristóteles menciona as quatro questões que indicam as quatro maneiras de conhecer: 1) o fato (*tò hóti*; *quod sit*), se há qualquer atribuição de qualquer predicado ao sujeito; 2) o porquê (*dióti*; *cur sit*), qual é a razão da atribuição; 3) se a coisa existe (*tò ei esti*; *an sit*); e 4) o que ela é (*tí*

[§ 3] Uma dessas condições é que ele tenha a capacidade de ensiná-las e de descobri-las. O ensino delas se faz de dois modos: um deles é o que se refere ao ensino de homens de valor ímpar e é feito por meio de discursos de demonstração; o outro, que se refere ao ensino do vulgo, é feito por caminhos adequados, [a saber,] por meio de recursos prováveis[3] e retóricos[4]. É manifesto que isso não se perfaz nele, a não ser quando for sábio de acordo com a ciência operativa e, junto com isso, tiver seja a excelência conforme a virtude cogitativa pela qual são descobertas as coisas explicadas na ciência moral [concernentes] aos povos e às cidades, seja a grande virtude moral[5] pela qual são escolhidos o governo das cidades e a equidade.

[§ 4] Por isso, se o filósofo deseja ser conforme a sua perfeição última, isso lhe acontecerá quando alcançar, ao mesmo tempo, as ciências especulativas e as práticas, as virtudes morais e as cogitativas e, especialmente, as maiores delas. [§ 5] Ora, "rei" significa, em sentido próprio, "senhor das cidades". É manifesto que a arte pela qual é senhor e governa as cidades completa-se quando nele estiverem reunidas todas essas condições. [§ 6] A disposição em relação ao legislador[6] é semelhante, ainda que esse nome signifique, em primeiro lugar, aquele em quem está presente a virtude cogitativa pela qual são descobertas as coisas operativas sobre os povos e as

esti; *quid sit*), qual é a sua natureza. Podemos ainda considerar *Metafísica* IV, 1003a 1-32, em que Aristóteles afirma que a filosofia contempla o ente enquanto ente e o que lhe é próprio (e não seus acidentes) e busca seus princípios e suas causas. Segundo Charles E. Butterworth, não foi possível identificar essas quatro condições tampouco no *Comentário Médio aos Analíticos Posteriores de Aristóteles*, cf. Butterworth, C.E. Philosophy, Ethics and Virtuous Rule: A Study of Averroes' Commentary on Plato's "Republic". *Cairo Papers in Social Science*. Cairo: The American University in Cairo Press, v. 9, Monograph 1, Spring 1986, p. 43-44.

3 O termo hebraico *nitzuḥīm* (sing. *nitzuaḥ*), que significa "dialéticos", foi traduzido por *probabiles*. A respeito da correspondência de *probabiles* com "dialéticos", ver nota 3 no Livro I.

4 Na versão hebraica: argumentos persuasivos e poéticos.

5 Averróis se refere à virtude dianoética *phrónesis* (sabedoria prática/prudência), como estabelece Aristóteles em *Ética Nicomaqueia* VI, 5, 1140a 24 – 1140b 30.

6 Apud trad. Elia del Medigo: *in ponentem legem*.

cidades. Ora, ele próprio precisa daquelas condições. Por isso, esses nomes, a saber, "filósofo", "rei" e "legislador"[7], são como que sinônimos. De modo semelhante, "sacerdote" (*imām*[8]), porque, em árabe, a noção de "sacerdote" (*imām*) se aplica àquele em quem se confia quanto a suas ações. Certamente é "sacerdote" (*imām*) pura e simplesmente aquele em quem há confiança quanto a essas ações pelas quais é filósofo[9].

7 Apud trad. Elia del Medigo: *iurislator*.

8 Sobre a tradução do hebraico *kohen* para "sacerdote", ver a nota 108 no Livro I.

9 Comparar com Al-Fārābī. *Taḥṣīl al-Saʿāda* (Obtenção da Felicidade), § 57: "a ideia de *imām*, filósofo e legislador é uma única ideia. Contudo, o nome *filósofo* significa primariamente virtude teorética. Porém, se está determinado que a virtude teorética atinge a sua perfeição última em qualquer referência, segue necessariamente que ele precisa possuir também todas as outras faculdades. *Legislador* significa excelência de conhecimento concernente às condições de inteligíveis práticos, a faculdade de encontrá-los e a faculdade de levá-los a efeito nas nações e cidades. Quando estiver determinado que elas sejam trazidas à existência com base no conhecimento, segue que a virtude teorética precisa preceder as outras – a existência de inferiores pressupõe a existência dos mais altos. O nome *príncipe* significa soberania e habilidade. Para ser absolutamente capaz, deve-se possuir o poder de uma maior habilidade. A sua habilidade para perfazer algo não pode resultar apenas de coisas externas; ele próprio deve possuir grande habilidade, porque a sua arte, perícia e virtude são de um poder extraordinariamente grande. Isso só é possível com grande poder de conhecimento, grande poder de deliberação e grande poder de virtude [moral] e arte. De outro modo, ele não é nem verdadeiramente capaz nem soberano. Pois, se a sua habilidade cessar perto disso, ela é ainda imperfeita. De modo semelhante, se sua habilidade for restringida a bens inferiores à felicidade suprema, a sua habilidade é incompleta e ele não é perfeito. Por essa razão, o verdadeiro príncipe é o mesmo que filósofo-legislador. Quanto à ideia de *imām*, na língua arábica significa simplesmente aquele cujo exemplo é seguido e é bem recebido, ou seja, ou a sua perfeição é bem recebida ou o seu propósito é bem recebido. Se não for bem recebido em todas as infinitas atividades, virtudes e artes, então não é verdadeiramente bem recebido. Somente quando todas as outras artes, virtudes e atividades buscarem realizar o *seu* propósito e nenhum outro, a sua arte será a mais poderosa arte, a sua virtude [moral], a mais poderosa virtude, a sua deliberação, a mais poderosa deliberação, e sua ciência, a mais poderosa ciência. Com todos esses poderes, ele estará explorando os poderes dos outros para completar o seu próprio propósito. Isso não é possível sem as ciências teoréticas, sem a maior de todas as virtudes deliberativas e sem o resto daquelas coisas que o filósofo tem". § 58: "Portanto, que esteja claro para ti que a ideia de filósofo, governante supremo, príncipe, legislador e *imām* é uma única ideia. Para qualquer uma dessas palavras, se procurares, entre a maioria dos que falam a nossa língua, o significado de cada uma delas, verificarás que todos, no final, estão de acordo em dar a elas o significado de uma mesma ideia". Cf. Al-Fārābī. *The Attainment of Happiness*. In: *Alfarabi: Philosophy of Plato and Aristotle*. (1962[1]). Translated with an introduction by M. Mahdi. Revised edition: foreword by C.E. Butterworth and Thomas L. Pangle. Ithaca (NY): Cornell University Press, 2001[3], p. 46-47.

[§7] Mas, se deve ser profeta, há necessidade de uma ampla investigação. A esse respeito, examinaremos na primeira parte dessa ciência[10].

Mas se isso vier a ser, será conforme o melhor e não conforme a necessidade. [§11, 1] Esclarecido o que é o filósofo, deve-se esclarecer que o senhor dessa cidade excelente, que nela reina, não é senão tal homem; devemos, portanto, estabelecer as propriedades que naturalmente se encontram nesses homens e que são as condições naturais que há no rei. [§2] Uma delas, a mais apropriada, é que ele esteja naturalmente apto a aprender as ciências especulativas. E isso ocorre quando, por sua natureza, for conhecedor daquilo que é por si e o distingue daquilo que é por acidente.

[§3] Em segundo lugar, que tenha uma memória que guarde bem e que não seja instável e esquecidiça, pois quem não tem essas duas condições não pode aprender algo. De fato, ele não deixa de estar num esforço contínuo, posto que não renuncia ao estudo e à leitura.

[§4] Terceiro, que ame e escolha a instrução e que esta lhe pareça ser admirável em todas as partes da ciência, pois, como se diz, desejando muito alguma coisa, desejam-se todas as espécies dela. Por exemplo, quem ama o vinho ama todos os vinhos e, do mesmo modo, quem ama as mulheres [ama todas as mulheres]. [§5] Quarto, que ame a verdade e a justiça[11] e odeie a falsidade e a mentira, pois quem ama o conhecimento dos

10 O verbo *considerabimus* (heb.: *venaḥqōr*; port.: e examinaremos), no futuro, poderia indicar que Averróis ainda não tivesse comentado a *Ética Nicomaqueia* ao redigir seu comentário à *República*. No Livro I, Averróis lembra que as duas obras, *Ética Nicomaqueia* e *República*, são partes complementares da mesma ciência política: a primeira é a parte teórica, e a segunda, a parte prática. O *Comentário Médio Sobre a Ética Nicomaqueia* está datado em 1177. Steinschneider considerou que o *Comentário Sobre a "República"* foi redigido em 1176, data próxima, portanto, ao término da redação do *Comentário Médio Sobre a Ética Nicomaqueia* (cf. *Heb. Übers.*, p. 221, apud trad. Rosenthal, p. 10, nota 1). E.I.J. Rosenthal, no entanto, alerta para o fato de que Averróis também se refere à primeira parte da ciência política, isto é, a ética, usando o verbo no passado da voz passiva (heb.: *hiṯbāʾār*; port.: foi esclarecido), cf. ibid. Como indicamos na Introdução, na falta do original árabe e de outras indicações, a datação do *Comentário Sobre a "República"* é uma questão que permanece em aberto.

11 Apud trad. Elia del Medigo: *iustitiam*, uma das poucas vezes em que aparece o termo "justiça".

seres conforme o que são é amante da verdade. Ora, o amigo da verdade é inimigo da mentira e, por isso, não ama a mentira. [§ 6] Quinto, que despreze os apetites dos sentidos, pois quem tem um apetite muito intenso de alguma coisa afasta sua alma dos demais apetites; e assim é a disposição que há neles (i.e., nos reis-filósofos), uma vez que entregaram toda a sua alma ao ensino. [§ 7] Sexto, que não seja ávido de dinheiro, pois o dinheiro é um apetite. Ora, os apetites não são convenientes em tais homens. [§ 8] Sétimo, que seja magnânimo e deseje conhecer tudo e todos os entes. Aquele ao qual não parece ser suficiente[12] conhecer a coisa quando surge à primeira vista é muito magnânimo e, por isso, tal alma não tem comparação com as outras. [§ 9] Oitavo, que seja corajoso, porque aquele que não tem coragem não pode repelir e odiar aquilo em que foi educado por discursos não demonstrativos, sobretudo aquele que foi educado naquelas cidades[13]. [§ 10] Nono[14], que esteja apto a mover-se por si próprio para a coisa que lhe parece ser boa e bela, como para o que diz respeito à equidade[15] e a outras virtudes, e isso porque sua alma apetitiva é intensamente fiel à razão e à cogitação. [§ 11] Acrescente-se a isso que tenha boa retórica com que possa proclamar facilmente qualquer coisa sobre a qual cogite e, com isso, seja sagaz encontrando o termo médio rapidamente. Estas são as condições da alma que são exigidas nesses homens. [§ 12] As condições corporais, porém, são as condições já expostas a respeito dos guardiões acerca da boa estrutura do corpo, da destreza e da boa preparação. [§ 13] Quem deve reinar em tal cidade é aquele em quem estão reunidas essas condições desde o princípio de seu ser e a quem, além disso, ocorra ter sido criado segundo o regime que depois será exposto. Em razão disso tudo, é difícil encontrar tais homens.

12 Aqui há um erro de copista e deve ser corrigido: *e ille cui non videtur esse* [*in*] *sufficiens* (aquele ao qual não parece ser suficiente).

13 Nessa passagem, quando indicadas no plural, Averróis se refere às cidades de seu tempo.

14 Texto difícil ou mal redigido no latim.

15 Apud trad. Elia del Medigo: *aequalitas* (justiça). Ver nota 24 no Livro I.

Isso é causa da dificuldade de haver tal cidade. [§ III, 1] Mas, talvez alguém diga que, se houver essa cidade, é porque terá havido tais homens, quando o ser deles conforme aquelas condições tiver sido quando tiverem sido criados em tal cidade, logo, não há nenhuma via para que tal cidade venha a ser, e aquilo que se julgava possível, conforme o que foi proposto no discurso, é impossível. A resposta para isso é que é possível que se criem homens conforme aquelas condições naturais que expusemos. E que escolham, além disso, uma lei universal de cuja escolha nenhuma nação escapa. Como essa lei própria deles não está distante das leis humanas e como a ciência no tempo deles já está completa, [§ 2] como está no nosso tempo e na nossa Lei, e como também ocorre que sejam eles os senhores, e isso no tempo infinito, é possível que tal cidade venha a ser. [§ 3] Como foi esclarecido por ele (i.e., Platão), por meio do discurso, que tal cidade tem por necessidade sua que seus senhores sejam sábios, [Platão] quer investigar a causa pela qual aquelas cidades conhecidas atualmente[16] não tiram proveito dos filósofos e dos sábios.

[§ 4] Disse que isso se deve a duas causas: uma delas é que essas cidades não obedecem aos sábios que são verdadeiramente sábios, nem lhes dão atenção. [§ 5] E diz que o exemplo [da relação] dos sábios com os cidadãos de tais cidades é como o de um navegador muito sábio na ciência da navegação que não encontra alguém que a aprenda ou pratique a navegação. Os senhores dos navios (i.e., os marinheiros[17]) acreditam que a navegação não é coisa a ser ensinada, tampouco [é] arte pela qual alguém deva dominar nesse regime[18]; mas, se [alguém]

16 A referência é à época de Platão.

17 Para entender quem são esses senhores de navios a que se refere a tradução de Elia del Medigo, recorremos às traduções inglesas de Rosenthal e de Lerner [trad. Rosenthal II.iii.5; trad. Lerner 63:10], em que estão registrados "the ship's crew" e "the sailors" respectivamente. Conforme a argumentação em *República* VI, 488b – 488d, são os marinheiros que acreditam que o ensino da navegação não é necessário e estão prestes a destruir quem afirme o contrário.

18 Apud trad. Elia del Medigo: "neque ars per quam aliquis debet dominari in politica". Embora o termo *politica* seja traduzido por "cidade" ao longo do texto, aqui não condiz com a argumentação, por isso usamos "regime", já que se refere à arte da navegação, conforme o exemplo dado por Platão em *República* VI, 488a – 489a.

disser que é arte que possa ser ensinada, eles o odeiam e dele se livram. E, assim, assume o domínio no governo do navio aquele que acredita nisso a respeito da navegação[19]. E isso [se dá] ou por causa da violência praticada pelos senhores dos navios (i.e., os marinheiros) ou por outras causas pelas quais se conquista a primazia. Quando tais homens assumem o comando no navio, eles próprios abandonam o piloto que verdadeiramente é piloto e, às vezes, o odeiam. [§ 6] E, em tais cidades, essa é a disposição dos sábios para com os senhores e os cidadãos, pois a relação deles é como a relação dos médicos com os enfermos. De fato, eles não creem que a medicina seja uma arte curativa e, por isso, não cuidam dos médicos.

Se os médicos lhes dizem que a saúde é possível pela medicina, eles os açoitam. E, por isso, a operação da arte medicinal não se perfaz, a não ser que o doente seja muito obediente ao médico. De fato, o enfermo, como se diz no provérbio, precisa, sem dúvida, buscar as casas dos médicos. [§ 7] Assim é a disposição dos sábios para com os senhores e os cidadãos, e essa é a [primeira] causa pela qual esses cidadãos não tiram benefício dos sábios que são verdadeiramente sábios. [§ IV, 1] A segunda causa, porém, é a má índole dos que se dedicam às ciências, e isso ocorre quando lhes falta alguma daquelas condições que já dissemos ser da condição do sábio que é verdadeiramente sábio. De fato, muito raramente se encontra tal homem em quem estejam completas tais propriedades, e, mesmo quando se encontram, dificilmente pode atingir a realização disto, a saber, a filosofia. [§ 2] Aquelas nobres condições, com efeito, são as que mais constituem impedimentos para a filosofia nos que nascem nessas cidades, pois a disposição que há neles é como a disposição em muitos doentes, em quem um ótimo alimento agrava a doença. [§ 3] E, de modo semelhante, as boas sementes e os vegetais, quando não têm nem o lugar nem a nutrição que lhes sejam adequados, transformam-se no que

19 Isto é, que a navegação não pode ser ensinada e que ela não é uma arte que qualifique alguém para dominar a tripulação.

é péssimo. E assim é a disposição nessas naturezas nobres quando são criadas nessas cidades e corrigidas de acordo com uma educação inadequada.

Com efeito, nada é causa de maiores males nessas cidades senão tais homens. [§4] Com efeito, os preguiçosos não são, por natureza, inclinados para alguma grande operação, tampouco o pusilânime, e, mais distante disso, está aquele que não é moderado[20]. [§5] É dessa espécie de homens que se fazem os sofistas que dominam essas cidades, censurando as coisas belas como a ciência e outras e louvando as coisas torpes e, de modo geral, todos os males cívicos que ocorrem nas cidades. A causa desses [males] são eles, e o seu domínio sobre as cidades é a maior das causas na destruição das ciências e na extinção de sua luz. E, a respeito de tais homens, isso não te é oculto indutivamente, pois, muito frequentemente, eles se encontram nessas cidades, e, quando alguém escapa deles em tais cidades, é como se dissesse que, por Sua providência, Deus o teria escolhido e tivesse então dito a verdade. [§6] Mas, quanto a quem se dedica à filosofia, sem que essas condições se encontrem completamente nele, é manifesto a respeito da disposição deles (*sic*) que com isso não se recebe benefício da parte deles na cidade [porque] são sobretudo nocivos em relação à ciência. Eles, de fato, estão frequentemente inclinados para os apetites e para todas as operações torpes, e para a ira e a fraude. De fato, não têm, por sua virtude, uma inclinação que os impeça de tais operações, também nem acreditam nas narrativas segundo as quais os cidadãos se atemorizam ao fazer tais coisas. Por isso eles são uma afronta à ciência e causa máxima de prejuízo para quem é digno dessa ciência, como está disposto no nosso tempo. [§7] E, quando acontece de nessas cidades ser encontrado um filósofo verdadeiro, é como se um homem estivesse entre animais predadores e destruidores.

No entanto, não é necessário que destrua com eles, nem também ele está seguro por si mesmo de que aqueles animais não

20 Apud trad. Elia del Medigo: *abstinens*. Corresponde à virtude grega *sophrosýne* (moderação/temperança).

se revoltem. E, por isso, ele se entrega ao isolamento e vive uma vida solitária e lhe falta a mais nobre perfeição que nele pode haver nessa cidade a respeito da qual falamos[21]. [§ v, 1] Depois que foi explicado, neste discurso, qual é a natureza do filósofo e de quem este nome "filósofo" é dito pura e simplesmente, e que não há nenhuma via para chegar a [essa] cidade, senão quando nela dominarem tais homens, e que foi explicada a causa da dificuldade de fundar essa cidade e quando essa natureza é nociva por acidente, [§ 2] devemos agora voltar ao modo de educação[22] dessa espécie que, das espécies da cidade, é a espécie mais nobre em si mesma – a não ser que não haja uma via para conhecer o modo de retidão na educação e na criação deles, exceto quando o fim é conhecido, fim que tal gênero de homens busca em seu governo. E parece-nos que primeiro é necessário saber isso, porque [se não,] nos será impossível, então, falar a respeito de qualquer coisa dentre as coisas por meio das quais são educados. De fato, ignorando-se o fim, ignoram-se as vias que conduzem a ele. [§ 3] E, embora essa indagação fosse mais adequada na primeira parte dessa ciência[23], parece-me adequado dizer algo sobre isso. Digamos, portanto, que, posto que o homem é um dos entes naturais, tem por necessidade algum fim em vista do qual é[24], porque qualquer ente natural tem algum fim, como está explicado na ciência natural, e, com maior razão, o homem, que é o mais nobre deles. [§ 4] Mas, porque o homem, por necessidade de seu ser, é político[25], esse fim lhe advém na medida em que

21 Averróis parece referir-se à tese de seu conterrâneo Ibn Bājjah (Avempace) (c. 1085/1090-1139), que defendeu o isolamento do sábio. In: Avempace (Ibn Bājjah). *El Régimen del Solitario* (*Tadbīr al-Mutawaḥḥid*). Tradução, introdução e notas de J. Lomba. Madrid: Editorial Trotta, 1997. Sobre Avempace, ver Lomba Fuentes, J., Avempace (Ibn Bājjah), Primeiro Comentador de Aristóteles no Ocidente. In: Pereira, R.H. de S. (Org.). *O Islã Clássico: Itinerários de uma Cultura*. São Paulo: Perspectiva, 2007, p. 411-453, especialmente p. 443 et seq.

22 Apud trad. Elia del Medigo: *correctio*.

23 A primeira parte da ciência política é a ética, como está declarado no início do Livro I.

24 Isto é, tem em vista uma meta para a qual se dirige.

25 Novamente Averróis afirma o princípio aristotélico: "o homem é político por natureza". Cf. Aristóteles. *Ética Nicomaqueia* I, 5, 1097b 11; *Política* I, 2, 1253a 2.

é parte da cidade. E é manifesto quanto a esse fim, na medida em que é de um ente único, que é necessário que seja uno ou conforme a espécie, de maneira que seja para qualquer homem único conforme o número, assim como vemos a respeito do fim que é uno em número ou é uno conforme a relação, a saber, se houver muitas perfeições em vista de uma única perfeição e algumas delas em vista de outras, esse [fim] é, de fato, uno na medida em que muitas coisas estão unidas. [§5] E, se não fosse assim, haveria um homem de mais de uma espécie, e as perfeições humanas seriam multiplicadas conforme esse modo de ser, e seria possível que a mais elevada delas fosse obtida por todos os homens; é manifesto que cada homem seria em vista de si próprio e, de acordo com isso, seria necessário que o grau de todos os homens na cidade fosse um único grau, o que talvez seja impossível.

Se é possível que alguns deles tenham todas as perfeições ou a maior parte delas, e alguns não, será manifesto que esta [última] espécie de homens são os que servem e aceitam o domínio. Mas a primeira espécie deve ser dos que dominam os outros, porque a relação de alguns deles para com os outros é a mesma relação das perfeições entre si em uma alma, isto é, que algumas são partes em vista de outras.

[§ VI, 1] E que é possível que seja considerado pelos homens que há um fim humano, são coisas finitas sem dúvida[26]. Mas, a respeito disso, nós contaremos o que é notório em nosso tempo.

[§2] Digamos que certos homens acreditam que o fim humano nada mais é senão a preservação de seus corpos, o cuidado e a preservação dos sentidos. Tal associação é tão somente uma associação necessária, e o fim que eles buscam é o fim necessário[27].

26 Averróis está afirmando que as caracterizações do que constitui a finalidade humana são finitas.

27 Averróis tem em mente o tipo de associação humana que visa apenas à sobrevivência.

Outros, no entanto, acreditam que o homem não deve buscar apenas o necessário, mas ter um fim pelo qual se faça uma disposição melhor do que a disposição do necessário. Assim é a disposição em muitos entes naturais. A visão, com efeito, foi posta no animal em vista do melhor, não em vista da necessidade; e o contrário se dá com relação ao sentido do tato, pois não pode haver animal sem ele.

[§ 3] Quanto ao fim do homem, os que acreditam nessa opinião estão divididos. Para alguns, é evidente que são as riquezas, para outros, porém, que é a honra, e para outros ainda, que é o prazer. Com efeito, os que opinam que o fim é o prazer estão divididos. Alguns acreditam que é o prazer nas coisas sensíveis, e isso é mais aparente à primeira vista; para alguns deles, porém, parece que é o prazer nas coisas especulativas. E alguns acreditam que o fim humano é ser senhor de outros, superá-los e ter os próprios bens como prazeres divinos, a honra e os demais que são considerados bens. [§ 4] Mas o que as leis encontradas nesse tempo estabelecem em tal matéria é o que Deus quer. Mas não se pode saber o que Deus quer senão pela profecia. E quando examinares essas leis, descobrirás que estão divididas [em leis] para o conhecimento apenas – como o que é ordenado na nossa Lei a respeito do conhecimento de Deus – e para a prática – como aquilo que ela ordena a respeito das virtudes morais. E tal intenção concorda em gênero com a intenção dos filósofos. [§ 5] E, por isso, os homens [acreditam] que essas leis se seguem à ciência antiga. É manifesto que, segundo todas essas convenções, o bom e o mau, o útil e o nocivo e o torpe são coisas segundo a natureza, e não segundo a convenção. Tudo o que conduz ao fim é bom e belo e tudo o que impede até ele é mau e torpe. Isso é manifesto a partir da intenção dessas leis e, principalmente, da nossa Lei. E muitos homens desta província[28] acreditam que essa é a opinião de nossa Lei.

28 Averróis faz referência à sua terra natal, Al-Andalus.

[§ VII, 1] Mas, quanto aos homens que são chamados "falantes"[29], a nossa Lei[30] induziu-os, em sua consideração legal[31], a afirmar que o que Deus quer não tem natureza determinada, nem é algo, a não ser apenas de acordo com a convenção, a saber, de acordo com a vontade de Deus. E, conforme isso, não haverá o torpe nem o belo, a não ser tão somente de acordo com a convenção. E, além disso, que não há esse fim humano[32], a não ser de acordo com a convenção.

[§ 2] E o que os levou a isso é o fato de que pensaram reunir as propriedades (i.e., os atributos) que são atribuídas a Deus na Lei, a saber, que Ele tudo pode e quer, e que a [Sua] vontade pode estar em todas as coisas e nas coisas particulares; todas as coisas, portanto, são possíveis. [§ 3] O que acontece a eles, muitas vezes, acontece na consideração legal, isto é, primeiro atribuem-se a Deus algumas propriedades e, depois, quer-se confirmar que isso ocorre sem destruição daquelas propriedades. Mas, se essas coisas que pensam estivessem na Lei conforme a posição deles, seria difícil resolver essa questão. E, por isso, eles são induzidos a uma opinião muito sofística, afastada da natureza do homem e afastada do que está na Lei[33].

Essas são as opiniões do vulgo sobre o fim humano, que é a felicidade dele (i.e., do homem), e é fácil conhecer a deterioração delas[34].

[§ 4] As opiniões dos filósofos, porém, serão mencionadas posteriormente, no lugar em que se examinará a noção em que

29 Apud trad. Elia del Medigo: *loquentes*. Sobre a identificação de *loquentes* com os *mutakallimūn*, ver Gilson, E. *Pourquoi Saint Thomas a critiqué Saint Augustin*. Paris: Vrin/Reprise, 1986, p. 8 et seq., especialmente p. 15. Averróis se refere aos *mutakallimūn*, mais precisamente aos *ashʿaritas*. Sobre o *kalām*, ver Verza, T.M. *Kalām: A Escolástica Islâmica*. In: Pereira, Rosalie H. de S. (Org.). *O Islã Clássico: Itinerários de uma Cultura*. São Paulo: Perspetiva, 2007, p. 149-175.

30 Apud trad. Elia del Medigo: "Sed homines autem qui dicuntur loquentes in lege nostra, induxit eos consideratio eorum legalis". Levamos em consideração as traduções inglesas para satisfazer as exigências argumentativas.

31 Isto é, no direito islâmico (*fiqh*).

32 Apud trad. Elia del Medigo: "et magis remotam hoc ut non sit hic finis humanus".

33 Apud trad. Elia del Medigo: "remotam ut in ea sit lex".

34 Apud trad. Elia del Medigo: "corruptionem eorum". Traduzimos por "deterioração delas", isto é, das ideias dos "falantes" (*mutakallimūn*), porque faz mais sentido.

se contradizem. Na verdade, a dissensão deles está, dentre as partes da alma, na parte racional.

[§ VIII, 1] Voltemos, portanto, àquilo em que estávamos e investiguemos a respeito do fim que é verdadeiramente fim, supondo primeiro o que deve ser suposto para um estudioso da natureza[35], pois, por meio disso, podemos chegar ao que é mais apropriado nessa arte.

Digamos que esse artífice (i.e., o filósofo da política) está de acordo com o artífice das [ciências] naturais ao refletir a respeito desse quesito. Pois, na medida em que esse fim é a perfeição do corpo físico, o estudioso da natureza reflete sobre isso e faz uma comparação entre ela (i.e., a perfeição do corpo físico) e as restantes perfeições: se nisso caberia ao homem mais de uma perfeição.

[§ 2] Mas porque as perfeições humanas não são encontradas por si mesmas na natureza, a não ser apenas as disposições, ou o início para a obtenção delas (i.e., as perfeições) – já que não é suficiente introduzir em nós essas perfeições acabadas, pois elas vêm a ser por vontade e escolha –, o artífice dessa arte reflete sobre ela (i.e., a arte) conforme esse modo, a saber, na medida em que o agente dela é a escolha e a vontade[36].

[§ 3] Já que isso é assim, digo que já está explicado na ciência natural que o homem é composto de alma e corpo e que a relação do corpo para com a alma é a relação da matéria, e a relação da alma é a relação da forma, e que a matéria é em vista da forma e a forma em vista das ações ou paixões provenientes dela (i.e., da forma).

[§ 4] Já que isso é assim, a perfeição do homem, e o fim dele, consiste nas operações que necessariamente provêm dele. Ora, está declarado lá [na ciência natural] que, dentre as operações dos homens, algumas são operações comuns ao homem e aos outros entes naturais simples e mistos[37]; ora, sendo adequadas,

35 Apud trad. Elia del Medigo: *physicus*, que corresponde ao estudioso das ciências da natureza.

36 Na ciência prática, vontade e escolha são a causa eficiente.

37 Apud trad. Elia del Medigo: *communibus*.

elas provêm necessariamente de formas adequadas aos corpos; e algumas são próprias dele (i.e., do homem), e estas necessariamente provêm de uma forma própria ou de formas próprias.

[§5] Está também explicado que a coisa em que o homem comunga com os corpos simples são a capacidade desiderativa[38] e o desejo[39] que provém dessa capacidade, e essa forma não é alma, nem as operações provenientes dela são [operações] animais[40].

[§6] Mas aquilo em que o homem comunga com os corpos mistos é, por necessidade, a alma; e esses corpos são conforme duas espécies, a saber, vegetais e animais. Ora, os vegetais têm em comum com ele a alma da nutrição, do crescimento e da geração. Os animais, por outro lado, têm em comum com ele as capacidades sensoriais e imaginativas. Mas neles, a apetitiva, de certo modo, tem algo em comum e, de certo modo, se distingue.

[§7] Mas, quanto ao que determina o homem e é próprio dele, é manifesto no mesmo lugar (i.e., na ciência natural), e é necessariamente uma capacidade intelectiva, que se divide em dois modos: intelectiva operativa e intelectiva especulativa.

É manifesto que essas formas comuns e a relação delas com as formas próprias são a relação da matéria com a forma própria, e que o homem é em vista da forma própria, porque todo ente é desse modo, porque sua forma própria é aquilo que é e dele próprio provêm suas próprias ações.

38 Apud trad. Elia del Medigo: *virtus inclinativa*.

39 Apud trad. Elia del Medigo: *inclinatio*. Rosenthal adverte que a palavra hebraica *netiá* (no latim, *inclinatio*) equivale à grega *órexis*, por isso, em sua tradução inglesa, ele preferiu "appetence" a "inclination"; os termos "appetite" e "desire" foram evitados, já que são usados para verter outros termos hebraicos e seus equivalentes gregos, cf. trad. Rosenthal, p. 187, nota 3. *Órexis* é um termo genérico para tudo que é desiderativo; pode significar a "capacidade de desejar" ou o próprio "desejo" (Sobre *órexis*, ver Aristóteles. *De Anima* II, 3, 414b 1 et seq.; III, 9, 432b 4-7; *Rhetorica* I, 10, 1368b 37-1369a 4).

40 Apud trad. Elia del Medigo: *animales*. Trad. Mantino 355M: "ac momenti cuiusdam ad hoc, vel illud inclinantis, quae certe inclinatio ex tali potentia coorta, atque in hanc formam inducta". ("e um movimento qualquer para isto ou aquele movimento do que deseja, que, por certo, é um desejo que nasce com tal potência e foi induzido para essa forma.")

[§8] Como isso está estabelecido assim, e o bem e o mal numa coisa se encontram em um só gênero de operações deles, por exemplo, a bondade do som consiste na pulsação e a ruindade [do som] consiste na mesma operação, a bondade do homem e sua maldade, portanto, consistem necessariamente em operações próprias. [§9] Como isso é assim, o fim do homem e a sua felicidade, então, ocorrem quando as operações próprias dele chegam, a partir dele, ao extremo da bondade e da virtude.

[§IX, 1] Por isso se diz, na definição da felicidade, que ela é uma operação da alma intelectiva conforme a virtude.

Mas porque as partes da alma intelectiva, de acordo com o que foi explicado no mesmo lugar (i.e., na ciência natural), são mais de uma parte, as virtudes também são mais de uma espécie, e as perfeições humanas são mais de uma perfeição. [§2] De fato, já foi explicado no mesmo lugar (i.e., na ciência natural) que há duas partes, a saber, o intelecto prático e o intelecto especulativo. Logo, de acordo com isso, algumas perfeições são práticas, e outras, especulativas. Mas porque, dentre as partes da alma, a parte apetitiva, no homem, parece concluir conforme o que a razão conclui e a ela obedece, é também, de acordo com esse modo, atribuída à intelectiva. [§3] E há três perfeições: virtudes intelectivas, virtudes morais e artes operativas. Mas porque as artes operativas são conforme duas espécies, algumas, para a produção de suas operações nas matérias, na coisa, necessitam apenas do conhecimento dos [princípios] universais da arte; outras, para que suas operações ocorram, necessitam da adição de uma cogitação e de um discurso sobre os [princípios] universais por meio dos quais ela (i.e., a cogitação) ocorre[41], e isso de acordo com cada indivíduo proveniente dos indivíduos que a arte opera e de acordo com o que é unido a partir do tempo, do lugar e de outras [circunstâncias]. Essa parte intelectiva é

41 Trad. Mantino 356D-E: "Alterum, quod ad agendum alia quadam virtute adventitia, et coniectura propter haec universalia praecepta indiget." [O outro (gênero), o do agir, precisa de uma outra virtude a mais e de uma explicação por causa desses preceitos universais."]

por necessidade mais do que a outra parte, e sua perfeição, mais do que a perfeição daquela.

Logo, as perfeições são quatro: virtudes especulativas, artes operativas, virtudes cogitativas e virtudes morais.

[§4] Observa-se, portanto, por este discurso, que as perfeições humanas são mais de uma. Mas, como dissemos, posto que são perfeições de um único ente, algumas delas são necessariamente em vista de outras, quer seja possível encontrá-las em qualquer indivíduo humano, quer [se encontrem] algumas delas [apenas] em alguns [homens]. [§5] Ora, é manifesto que não são possíveis em todos os indivíduos, mas algumas espécies delas [são possíveis] em um determinado gênero de homens, exceto algumas virtudes morais que são comuns a todos, como a moderação. E, por isso, observa-se necessariamente que esses gêneros de homens são classificados de acordo com a ordem dessas espécies de virtudes. Haverá, portanto, dentre eles, alguém menos nobre por causa de alguém mais nobre. De fato, assim como há uma ordem delas (i.e., das virtudes) em um único homem, deve haver também uma ordem delas em muitos homens.

[§6] E isso está de acordo com aquilo a que a necessidade de associação conduz ao produzir homens virtuosos conforme todas as virtudes. Ora, se houvesse em cada indivíduo a possibilidade do desenvolvimento de todas essas virtudes, quando isso – o que [ocorreria] pela necessidade do seu desenvolvimento em cada indivíduo – fosse assim, [não] haveria dentre eles o que serve e o que é servido, o senhor e o sujeito ao senhorio. Nesse caso, a natureza teria agido ociosamente[42], pois todos teriam então nascido para ser senhores. Ora, isso é impossível, pois, para o senhorio, é necessário que haja os que a ele se sujeitam.

[§7] Mas, quanto à possibilidade de que essas virtudes estejam reunidas em um único homem, parece que seria difícil, a

42 Princípio que Aristóteles repete numerosas vezes: *he phýsis oudèn poieî máten*. Cf. Aristóteles. *De Caelo* I, 4, 271a 33; II, 11, 291b 13; *De Partibus Animalium* II, 13, 658a 8; III, 1, 661b 23; IV, 11, 691b 4; 12; 694a 15; 13, 695b 19; *De Generatione Animalium* II, 4, 739b; 5, 741b 4; 6, 744a 36; V, 8, 788b 21; *De Incessu Animalium* 2, 704b 15; *De Anima* III, 9, 432b 21; 12; 434a 31; *Politica* I, 2, 1253a 9; I, 8, 1256b 21-22.

não ser muito raramente, e seria milagroso[43]. De acordo com muitos, o que se descobre é que há uma espécie de homens com disposição para uma certa perfeição dentre essas perfeições, e isso é manifesto indutivamente nos indivíduos humanos.

[§ x, 1] Ora, depois que foi esclarecido quais são as perfeições humanas e as virtudes da alma e foi esclarecido que algumas delas necessariamente se ordenam em vista de outras, de modo que há entre elas uma virtude em vista da qual são todas as outras virtudes – e essa não é em vista de outra, mas é buscada por si própria, e as outras, em vista dela –, é esta a perfeição última do homem e a felicidade final. Logo, devemos investigar a respeito disso. [§ 2] Digamos, portanto, que é manifesto pela disposição das artes operativas que elas sejam ordenadas, em primeiro lugar, em vista da necessidade e da deficiência que ocorre ao homem em seu ser, e que não lhe é possível ser sem elas (i.e., as artes operativas), como muitos animais não podem ser, a menos que haja propriedades e habilidades naturais deles, como a construção das abelhas e o tecer da aranha.

[§ 3] Quanto à parte especulativa, porém, é manifesto na ciência natural que o seu ser não está no homem em vista de uma necessidade, mas em vista do melhor. Ora, aquilo cujo ser é em vista do melhor é mais nobre do que aquilo cujo ser é em vista da necessidade[44]. [§ 4] E, por isso, esta parte da alma racional, a

43 Conforme Al-Fārābī, "é difícil encontrar todas essas qualidades unidas em um único homem e, portanto, dentre os homens dotados dessa natureza, um apenas será encontrado em cada tempo, sendo esses homens excepcionalmente raros". Al-Fārābī. *On the Perfect State* (*Mabādi' Ārā' Ahl al-Madīnat al-Faḍilah*). (1985¹). (Edição bilíngue árabe-inglês.) Revised text with introduction, translation, and commentary by R. Walzer. Oxford: Oxford University Press, 1998², p. 248-249.

44 Trad. Mantino 356I-K: "Et vero illa speculandi pars videtur equidem ex naturae disciplina intuentibus homini non inesse propter necessitatem, sed melioris cuisdam conditionis, atque augustioris status gratia, et quidem, quod in ipso est huiusmodi ut propter excellentiam atque dignitatem insit, praestantius haud dubie est atque dignius his omnibus quos necessitas et indigentia invenerunt". ("Na verdade, a parte especulativa, para quem a vê a partir da ciência da natureza, parece não estar no homem em vista de uma necessidade, mas graças a uma certa condição melhor e de um estado superior, porque nele ela está em vista da excelência e da dignidade; sem dúvida, ele é mais preeminente e digno dentre todos a quem a necessidade e a carência atingiram.")

saber, a prática, é necessariamente em vista da especulativa. Isso está em conformidade com ela, o que é manifesto pela disposição delas (i.e., das partes da alma). É manifesto, no entanto, que essas artes são encontradas, em primeiro lugar, em vista de suas operações, mas as operações [são] em vista das mudanças[45]. Isso, portanto, na medida em que quem exerce essas artes está necessariamente sujeito ao domínio, e um outro é necessariamente o senhor. Ora, o senhor é senhor por uma disposição pela qual ele é melhor do que o que está sujeito ao domínio[46]. [§5] E já que isso é assim, a disposição nada mais é senão uma parte da alma racional que se chama especulativa.

De fato, o modo como essa parte da alma domina a outra, a saber, a operativa, em uma única alma se dá conforme esse modo, e aquele que é disposto a adquirir as ciências especulativas é senhor daquele que é apto para adquirir as artes operativas. E, por isso, tais [partes] estão a serviço de acordo com a natureza e são passíveis de dominação, porque a relação de uma dessas partes da alma com as restantes é necessariamente esta relação, isto é, a relação do senhor com os passíveis de dominação. [§ XI, 1] Mas alguém pode duvidar disso dizendo: por que razão está estabelecido que todas as artes operativas ascendem até uma única arte principal, que é a arte de governar a cidade? Já foi explicado que essa arte, por necessidade de seu ser, [faz que] as ciências especulativas disponham para a operação. [§2] O homem, por meio delas (i.e., as especulativas), beneficia as restantes, e não há diferença entre elas (i.e., as especulativas) e as restantes artes operativas, a não ser que elas (i.e., as artes operativas) sirvam para providenciar o propósito destas (i.e., as especulativas) e elas próprias (i.e., as artes operativas) atribuam domínio a elas (i.e., as especulativas) para que as disponham

45 Apud trad. Elia del Medigo: "operationes autem propter mutationes"; trad. Rosenthal: "and their products because of the creatures"; trad. Lerner 69:25-30: "and their products for the sake of justice"; trad. Mantino 356K: "ob rerum varietatem".

46 Sobre a relação entre governantes e governados, ver Aristóteles. *Política* VII, 14, 1332b et seq.

conforme o seu fim[47], como são as demais artes arquitetônicas[48] em relação às artes que lhe dão o domínio[49], como a agricultura principal em relação às artes particulares da agricultura, que estão [abaixo] dela. [§ 3] De acordo com isso, as ciências especulativas e práticas serão de uma única parte[50], mas elas se diversificam conforme o mais nobre e o menos nobre. Creem, talvez, nessa opinião muitos notáveis que, neste tempo, investigam superficialmente essas coisas, sem considerá-las conforme a ordem natural e o ensino da arte.

[§ 4] Digamos que aquilo que consideram as ciências especulativas, sobretudo a ciência natural, e também a ciência divina, não são as coisas operativas, nem a vontade tem acesso ao ser delas, e isso é por si conhecido por qualquer perito nessas ciências. [§ 5] E já que isso é assim e aquilo de que tratam essas ciências não é produzido por nós, é manifesto que elas não estão ordenadas primariamente pela ordem, [nem] por si, para a operação; não é intenção primeira que o homem seja servidor de alguém por meio delas, mas o ser delas no homem é em vista do melhor. De fato, é falso que o ser delas esteja no homem em vão. E isso fica mais manifesto a partir do que diremos[51]. [§ 6] De fato, está explicado na Filosofia Primeira que o

47 Isto é, para que as ciências especulativas disponham as artes operativas conforme o fim das ciências especulativas.

48 Apud trad. Elia del Medigo: "sicut sunt reliquae artes architectivae".

49 Isto é, as artes que se sujeitam a uma determinada arte, como no exemplo dado em seguida, em que as artes particulares da agricultura são subordinadas à arte principal da agricultura. O exemplo da subordinação das artes secundárias à arte principal está em Aristóteles. *Ética Nicomaqueia* I, 1, 1094a 10-15.

50 Apud trad. Elia del Medigo: *unius partis*, isto é, as ciências especulativas e as artes operativas seriam, nessa argumentação, do mesmo gênero.

51 Trad. Mantino 357B-C: "Si igitur nihil nos ad subjecti earum scientiarum statum, atque substantiam conferamus, consequens est eas ipsas non esse ad agendum paratas, aut operandum praecipue, sed neque hominem per eas ipsas primo proposito alii cuipiam inservire; insunt ellae tamen homini propter melius, atque praestantius quiddam, cum alioqui inest in eas frustra, aut temere, esse per absurdum". ("Se, portanto, não contribuirmos para o estado do sujeito dessas ciências e para a substância dele, segue-se que elas próprias não são preparadas para agir, ou essencialmente para operar, mas nem o homem por meio delas próprias, como primeiro propósito, para pôr-se a serviço de outrem, qualquer que seja. Elas, contudo, estão no homem em vista de algo melhor e mais nobre. Aliás, estarem elas no homem em vão ou por acaso seria um absurdo.")

ente é conforme duas espécies: sensível e inteligível, e que o ente inteligível é o princípio do ser sensível conforme o fim, a forma e o agente[52], e que o ser dele (i.e., do sensível), na intelecção das ciências especulativas, é do gênero do ser do inteligido, e que o propósito do homem, na medida em que é um ente natural, é ascender a este ser de acordo com sua natureza[53].

[§7] E sendo isso tudo assim, a relação desse ser do inteligido para com as demais coisas existentes no homem – pela alma ou pelo corpo – será a relação do ser do intelecto pura e simplesmente para com o ser do sensível. E, de modo semelhante, a sua relação de acordo com o que é adquirido pela vontade em relação às demais coisas voluntárias é essa mesma relação.

[§8] E como isso já foi estabelecido, então o domínio dele (i.e., do inteligível) sobre as coisas voluntárias é o primado do ser do inteligido em relação ao ser do sensível; e dando aos entes voluntários os princípios deles, pelos quais tem consistência o ser deles, é desse modo que o ser intelectual atribui ser ao sensível por aquilo pelo que tem consistência.

[§9] E já está explicado que esse modo não é porque o ser do inteligido serve ao do sensível, mas isso é consequência do seu ser (i.e., do sensível) e procede dele (i.e., do inteligível). E, já que isso é assim, se os entes especulativos ajudam e são necessários na operação, do modo como dissemos que o ser do inteligido é necessário ao ser do sensível [§10] e que o primado dessa parte

52 Causa final, causa formal e causa eficiente.

53 Trad. Mantino 357C-D: "In prima Philosophia statutum, res omnes bifariam partitas esse, ut aliae sensu, aliae intellectu comprehenderentur; idque, quod intellectu percipitur, principium quoddam esse ei rei, quae sensibus est subiecta; finemquem et formam et causam effectricem et, siquid eius in scientiis speculativis agitatur, in ipso genere intelligendi contineri; propositumque hominis atque institutum, quatenus est ipse res naturalis ad illam intelligibilium rerum naturam, quoad potest ascendere laboret et contendat". ("De fato, na Filosofia Primeira está estabelecido que todas as coisas estão divididas em duas partes, de modo que umas são apreendidas pelo sentido, e outras, pelo intelecto; e o que é apreendido pelo intelecto é um certo princípio para a coisa que está sujeita aos sentidos; e também o fim, a forma e a causa eficiente, e, se algo deles é tratado nas ciências especulativas, isso está contido no próprio gênero de entendimento; é propósito e desígnio do homem que, na medida em que ele próprio é coisa natural em relação à natureza das coisas inteligíveis, tanto quanto possa ele trabalhar e se esforçar por ascender.")

em relação às demais partes da cidade é como o primado do ser do intelectivo em relação ao ser do sensível, fica, portanto, manifesto que, quanto às artes, quer sejam virtudes ou artes principais, quer [artes] subordinadas, o ser delas é em vista das ciências especulativas.

E, por isso, alguns homens tiveram a opinião quanto ao ser dessas artes operativas, que, na verdade, é incompatível com o que acreditam quanto às ciências especulativas. De fato, eles próprios disseram que os inteligidos dessas artes não são – conforme a primeira intenção – em vista das operações delas, mas a intenção que há nelas é a boa cognição e sua perfeição, e que as operações que delas provêm e as coisas produzidas são coisas consequentes, como viram isso acontecer no movimento dos corpos celestes.

[§11] E, conforme esse ser, essas artes operativas serão virtudes. E, mais ainda, estima-se isso quanto às artes operativas que usam o silogismo. Por causa dessas habilidades provenientes dessas artes, os que se dedicam a uma arte opinam que ela inclui cognição de todas as coisas, como vemos os médicos pensarem a respeito de sua arte. [§12] Mas a verdade é que as intelecções dessas artes estão ordenadas principalmente para a operação e, se lhes ocorre esse acidente, é por acidente[54]. E, por isso, quando se supõe esse acidente como fim da arte, [a arte] é de outro gênero, e o nome dado a ela é dito por equivocidade,

54 Averróis quer dizer que isso ocorre acidentalmente, ou seja, que é uma mera coincidência. Não se trata do acidente por si, ou seja, o acidente próprio que ocorre da essência da coisa e que é uma propriedade, como, por exemplo, o triângulo, que tem seus três ângulos iguais a dois ângulos retos (Aristóteles. *Metafísica* Δ, 30, 1025a 30) ou, no caso do homem, a sua capacidade de rir, que sem pertencer à essência do homem, está fundada em sua essência. Em *Tópicos* I, 5, 102b 4 et seq., Aristóteles define: "o acidente (*symbebekós*) é o que, apesar de não ser nem definição, nem o próprio (propriedade) nem gênero, pertence à coisa". O acidente se distingue do essencial. Há, porém, certos acidentes que estão fundados na essência do sujeito sem, contudo, pertencer à sua essência; esse tipo de acidente pode chamar-se "atributo", que é predicado por si, como estabelece Aristóteles em *Analíticos Posteriores* I, 22, 83b 19. Em *Tópicos* I, 4, 101b 11, Aristóteles classificou os diversos modos de relação entre o sujeito e o predicado (*kategoroúmena/praedicabilia*). A teoria aristotélica foi recolhida por Porfírio em *Isagogé*, em que se distinguem cinco predicáveis: gênero, espécie, diferença, propriedade (ou o próprio) e acidente (cinco vozes/*pénte phonaí*/*quinque voces*).

como ocorre ao nome "música", que é dito, às vezes, para a arte operativa e, às vezes, para a teórica[55].

[§ XII, 1] Ora, quanto às virtudes cogitativas, é manifesto que, a respeito da disposição delas, que são em vista dos inteligidos especulativos, o ser dessas virtudes, na maioria das vezes, ou o ser das mais nobres dentre elas, é em vista das artes. Ora, as artes, como está explicado nesta exposição, são em vista dos inteligidos especulativos. De fato, é manifesto que essas virtudes cogitativas se dividem pela divisão das artes. [§ 2] Assim como há uma arte pura e simplesmente arquitetônica em relação a todas as artes – e é a arte do governo da cidade –, também há uma virtude cogitativa principal[56], a virtude pela qual são encontradas as operações dessa arte nas matérias[57]. [§ 3] Quanto às virtudes morais em sua disposição, parece que são em vista dos inteligidos especulativos. Primeiro, porque está explicado na ciência natural que o apetite e o desejo são conforme duas espécies: uma delas procede da imaginação, e a outra, da cogitação e do discurso. [§ 4] Ora, o apetite que provém da imaginação não é, por necessidade, próprio do homem, mas é próprio do animal enquanto animal.

Mas o apetite que provém da cogitação e do discurso é próprio do homem. Ora, ter apetite de tal modo é atribuído ao homem; e as virtudes morais nada mais são senão essa nossa parte que apetece o que é indicado pela razão, conforme a medida indicada pela razão e conforme o tempo.

55 Apud trad. Elia del Medigo: *pro ratiotinativa*.

56 A virtude cogitativa principal é a *phrónesis* aristotélica: "A sabedoria prática (*phrónesis*) é a única virtude própria do governante", Aristóteles. *Política* III, 2, 1277b. Sobre as virtudes dianoéticas, ver id. *Ética Nicomqueia* VI.

57 Trad. Mantino 357I-K: "Et quaeadmodum una quaedam ars absolute princeps reliquarum artium existit, ipsa autem est Reipublicae administrandae; ita est reperita virtus quaedam excogitativa princeps, et illa quidem est, qua illius principis artis actiones in materias inveniuntur et diriguntur". ("E do mesmo modo que existe uma certa arte que é, de modo absoluto, a principal dentre as outras artes, a arte de administrar a República, assim também é encontrada uma certa virtude cogitativa principal, e ela é, na verdade, aquela por meio da qual são encontradas e dispostas as ações na matéria daquela arte principal.")

[§5] Ora, essa operação não é outra senão a parte especulativa da alma. E como isto é assim, e esta parte adquire a virtude da parte raciocinativa, a parte raciocinativa, então, é mais verdadeira na virtude e é mais nobre e mais escolhida.

[§6] Também muitos animais têm em comum essa parte, como a modéstia[58] encontrada no leão, mas é humana por causa do discurso e da razão. Ora, o que é causa no ser de alguém conforme alguma propriedade é para ele mais adequado que aquela propriedade.

[§7] E também parece, a respeito da disposição dessas virtudes, que o homem, por meio delas, serve a outros. Por exemplo, a equidade é por causa das operações, e a moderação, por causa dos prazeres que impedem as operações belas; a coragem, por causa das coisas nocivas, e a liberalidade, por causa do dinheiro.

Mas, quanto à ciência especulativa, é manifesto, no que diz respeito à sua disposição, que o homem não está apto por meio dela para servir a outrem.

[§8] E, também, essas virtudes são materiais de modo mais apropriado do que as ciências especulativas e, ainda de modo mais apropriado, precisam do corpo para o seu ser, e não só do corpo, mas também de instrumentos e coisas exteriores, como a liberalidade precisa do dinheiro para que, por meio dele, se realizem operações de liberalidade e, de modo semelhante, o justo[59] opera por meio das operações de equidade, como o corajoso[60] precisa de força e de apoio.

[§9] Ora, as ciências especulativas são mais puras que todas as outras e de maior abstração da matéria, de tal modo que se julgue a respeito delas que, de certo modo, elas são eternas. E já foi esclarecido em outro lugar que o que é mais abstraído da

58 Apud trad. Elia del Medigo: *verecundia*; apud trad. Mantino: *verecundia*. Deveria ser "coragem", ver trad. Rosenthal, nota xii, 6, p. 278: a fonte de Averróis parece ser Ibn Bājjah (Avempace), que, em seu *Tadbīr al-Mutawaḥḥid* (Regime do Solitário), associa a modéstia ao leão, embora Al-Fārābī, em *Taḥṣīl al-Saᶜāda* (Obtenção da Felicidade), associe a coragem (*shajāᶜa*) ao leão, conforme Aristóteles em *História dos Animais* I, 1, 488b; IX, 44, 629b.

59 Apud trad. Elia del Medigo: *aequalis*.

60 Apud trad. Elia del Medigo: *fortis*.

matéria é mais nobre. [§10] Mas esta espécie de perfeição, a saber, a moral, situa-se em relação à perfeição especulativa como uma disposição, sem a qual o fim não é possível e, por isso, a respeito dessa perfeição, julga-se que ela é o fim último por causa de sua proximidade com o fim último. Logo, é manifesto, a partir disso, que as perfeições humanas são de quatro gêneros e que todas são em vista da perfeição especulativa.

[§11] Ora, se as perfeições morais são em vista das artes operativas ou vice-versa, ou se há nelas estas duas disposições, a saber, se algumas artes são em vista das virtudes e algumas virtudes são em vista das artes, é preciso uma árdua inquirição. É manifesto, porém, que a principal virtude moral, no conjunto dessas virtudes, deve necessariamente ser constituída pela virtude cogitativa principal e pela arte principal, e se a sua relação para com a virtude cogitativa principal fosse a relação da virtude cogitativa para com a arte principal, ela então necessariamente seria em vista da arte principal. [§12] E semelhante é a disposição dela em relação às outras artes, a saber, que nenhuma delas se dá em vista dessa virtude. Pois esta, conforme esta relação, tem uma relação de disposição em vista das artes operativas ou para com as artes operativas e, se a necessidade na aquisição é para que a operação da arte se dê de modo mais perfeito e de modo mais nobre, então essa é a arte principal. Mas, por maior que seja a disposição a esse respeito, ambas são em vista da parte especulativa e isso, como dissemos a respeito da comparação dessas perfeições humanas, é algo em que todos os peripatéticos estão de acordo.

[§ XIII.1] Mas porque essa parte especulativa não está em nós conforme a perfeição última e em ato, mas seu ser está em nós em potência, já foi explicado na ciência natural que aquele em cujo ser a potência se mistura, a perfeição última dele é que seja em ato perfeito, em que não haja mistura de potência de modo algum. [§2] Ora, essa perfeição – e o ato que é desse modo – estabelece em nós o seu ser e a perfeição, isto é, que isso se produza por meio da vontade e da escolha, uma vez que a natureza não foi suficiente para produzi-lo. Mas que perfeição é essa para a qual é preciso acorrer, que é a perfeição do homem? Seriam as ciências especulativas ou [seriam ciências] de outro grau e de outra realização mais nobre do que a das ciências especulativas? Se for algo distinto das ciências especulativas, será uma coisa existente em nós ou uma coisa proveniente de nós, conforme sua substância? [§3] Digamos, porém, quanto àquele que estabelece que as ciências especulativas são eternas e que estão em nós em ato, mas que a umidade da infância as impede, e que são como que semelhantes ao ser potencial, quer sejam formas abstratas como estabeleceu Platão, quer seja esse intelecto agente ou outro intelecto derivado do intelecto agente e inferior a ele conforme o grau, é manifesto, então, que a substância da perfeição humana não é adquirida por meio da vontade, pois ela já se encontra antes da vontade. Mas a vontade está incluída na sua definição, do modo como está incluída na definição das perfeições últimas, e é o modo como a disposição é incluída na definição do fim.

[§4] Mas o propósito disso, a saber, que advém a nós por meio da vontade, ou seja, que, quando tivermos adquirido o que está em nossa natureza adquirir a respeito das perfeições últimas, chega a nós aquela perfeição a esse respeito, relação de acordo com a qual somos o que somos. Se, portanto, tal relação é atribuída à vontade, lhe é atribuída de um modo que não é o primeiro modo[61], porque a vontade não faz parte de sua substância[62], mas faz parte do ser da relação pela qual nos advém a perfeição do intelecto agente.

[§5] Mas, para quem acredita que as ciências especulativas não são eternas e que são a perfeição última, isto é, a perfeição humana, esta é aquela cuja substância é adquirida por meio da vontade. Mas, para quem acredita que as ciências especulativas não são eternas e que a perfeição última é o conhecimento do que é abstraído [da matéria][63], então é manifesto que a perfeição

61 O primeiro modo (atribuído *per se*) diz respeito ao atributo essencial, não é da definição.

62 Isto é, da substância da perfeição.

63 Trad. Mantino 358H: "cognitionem intelligentiarum separatarum a materia".

é conforme duas espécies: a primeira e a última. A primeira, de fato, é aquela cuja substância é adquirida. A segunda, porém, é a que é adquirida pela relação; e isso é preciso investigar na ciência natural.

[§ XIV, 1] Voltemos àquilo em que estávamos, continuando na explicação das palavras de Platão a respeito do modo de educação dessa espécie de homens. Digamos, pois, o que Platão narra sobre a disposição da comparação entre o conhecimento desses homens e o vulgo. [§ 2] Diz que o vulgo é semelhante a homens que, desde a infância, habitam numa caverna e que dela não saem de modo algum, e admitem considerar somente as coisas que estão na caverna sem que voltem seus rostos para a boca da caverna. E sobre a boca da caverna há imagens de todos os entes. E atrás deles há um fogo, de modo que, dessas coisas, eles veem apenas as sombras na concavidade da caverna.

[§ 3] Já que essa é a disposição deles, eles só conhecem, a respeito do conhecimento das coisas, as sombras dos entes que incidem na concavidade daquela caverna e julgam que os entes verdadeiros nada mais são do que aquelas sombras.

[§ 4] Por outro lado, sábios são os que saíram daquela caverna para o raio luminoso e, ao sol, viram a coisa conforme o seu ser verdadeiro. E, como alguém sai repentinamente de uma caverna para o sol, seus olhos se debilitam, e não pode ver a coisa; assim [também] não é possível que esse gênero de homens – isto é, os que são aptos para a ciência – considere repentinamente as ciências especulativas, cujos inteligidos é difícil abstrair e conhecer. E, assim, a propósito disso, o artifício[64] é que se proceda pouco a pouco para ver a coisa, primeiro mediante a luz das estrelas e da lua, até que, depois, se possa vê-las ao sol; assim, devemos dirigi-los pouco a pouco e começar com aquilo que é mais fácil para eles aprenderem.

[§ 5] E, quando [Platão] investigou qual é a ciência em que devem começar, explicou que é a ciência aritmética. Com

64 Apud trad. Elia del Medigo: *ingenium*.

efeito, eles, no início de sua formação, foram educados com os filhos dos guardiões pela música e pelo exercício físico. Mas é manifesto que a organização do exercício físico concerne ao corpo; quanto à música, porém, [a educação ocorre] conforme as exposições que lhes são dadas a modo de narração. Ora, a narrativa não concede essa capacidade pela qual o homem possa apreender os inteligidos das ciências especulativas.

[§ 6] Já que é assim, essa ciência necessariamente deve ser do gênero das ciências especulativas e, com isso, mais fácil para aprender. E o que é assim são as quatro ciências matemáticas, a saber, aritmética, geometria, astronomia[65] e música. Mas a primeira supera [as outras] quanto a esta característica, a saber, a facilidade para aprender, e isso por causa de sua maior abstração da matéria. Logo, a ciência aritmética é a mais fácil delas e a mais comum a todas as coisas. [§ 7] Depois, segue-lhe a ciência geométrica, depois a astronomia, depois a música. E, quanto a essas ciências, é manifesto sobre a disposição delas que é necessário aos sábios aprendê-las, o que ocorre, na maioria das vezes, pela habituação.

Com relação a elas (i.e., as matemáticas), com efeito, seus inteligidos, em sua maioria, não são como os inteligidos na natureza, por isso, encontra-se nelas um infinito, e, de modo geral, os inteligidos delas são poucos porque não são conhecidos por seus sujeitos determinados, mas por certas similitudes de sujeitos.

[§ xv, 1] E, por isso, Platão dividiu os inteligidos das coisas em duas partes e chama a primeira delas de "potencial", que são os inteligidos das coisas verdadeiramente existentes, e a segunda, de "ciência", que são os inteligidos das similitudes das coisas existentes, que são as ciências matemáticas.

Ora, ele acredita que a disposição dos inteligidos é como a disposição do que é sentido; e, como nos que são sentidos, há alguns sensíveis que são conhecidos por suas substâncias e

65 Apud trad. Elia del Medigo: *astrologia*.

alguns que são conhecidos por suas similitudes – e muitos entes cuja similitude provém [da reflexão] no espelho –, assim é a disposição nos inteligidos. [§ 2] E, quanto às ciências matemáticas, também como dissemos, os objetos[66] ou as coisas da ciência delas são infinitos; os objetos delas também são desconhecidos quanto ao ser, mas o filósofo primeiro investigou a respeito deles. Platão acreditou a respeito delas (i.e., as matemáticas) que não têm o grau das outras ciências especulativas, a saber, quanto à perfeição humana.

[§ 3] E, por isso, se diz a respeito delas que [são] ciências cujos princípios e fins são desconhecidos, e os intermediários entre os princípios e os fins são desconhecidos. [§ 4] E já que isso é assim, e as ciências matemáticas não são buscadas em primeiro lugar e por si na perfeição humana, como é a disposição na ciência natural e na ciência divina, embora se diferenciem nessa intenção, sobretudo aquelas das quais essas duas ciências recebem os princípios de consideração, como o filósofo primeiro recebe da ciência astronômica o número dos movimentos, e essa diversidade não é encontrada só nas espécies delas, mas também nas partes de uma única ciência, [§ 5] é, portanto, manifesto que a maior utilidade delas e o que é visado principalmente a respeito delas são o hábito e a disposição do intelecto para aprender essas duas ciências últimas[67]. De fato, não podemos dizer que o propósito dessas ciências, a saber, as matemáticas, é a operação, embora alguns de seus elementos[68] entrem em operação, como pensam muitos do vulgo sobre a geometria e a música, pois as coisas que consideram são comuns às coisas naturais e às coisas artificiais.

[§ 6] De fato, o que é encontrado no triângulo equilátero, por exemplo, sobre o que se demonstra no triângulo, não é exclusivo ao triângulo de madeira ou de bronze e, de modo geral, às coisas artificiais, mas é comum às coisas naturais e às coisas artificiais.

66 Apud trad. Elia del Medigo: *subiecta*.

67 Isto é, a filosofia primeira e a filosofia natural.

68 Apud trad. Elia del Medigo: "quamvis quaedam individus".

[§7] E também os elementos supostos nessas ciências são encontrados na matéria. E se a consideração dessas ciências sobre eles (i.e., os elementos) fosse como estão na matéria, então nisso a investigação seria conforme os quatro gêneros de causas, a saber, a agente e a formal, a material e a final[69]. É manifesto a respeito da disposição destes (i.e., os matemáticos) que eles só consideram a causa formal e, por isso, além dos elementos que são comuns[70], carecem de um conhecimento adicional quando querem agir para além do conhecimento que têm dessas [ciências]. Quando, de fato, alguém quer fazer um triângulo equilátero de madeira, não lhe basta o que Euclides estabelece no começo de seu livro a respeito do triângulo equilátero, mas é preciso que tenha a arte da carpintaria. E isso tudo é conhecido por si aos versados nessas ciências.

[§8] E posto que isso é assim como dissemos, a intenção principal no aprendizado das ciências matemáticas, para essa espécie de homens, é em vista do acostumar-se, embora ela esteja associada também, como diz Platão, ao conhecimento das coisas que são necessárias nas operações a que visam.

[§9] Os nossos, na medida em que são guardiões, precisam saber aritmética e as medidas das distâncias das linhas de combate na batalha, as mudanças adequadas e as medidas do acampamento do exército[71]. E, de modo semelhante, o conhecimento dos tempos e dos meses é necessário não só aos navegantes e aos viajantes no deserto, mas também aos condutores de camelos.

Ora, a música excelente é para eles necessária porque são eles que a instituem na cidade.

[§XVI, 1] Isso é o que acreditava Platão a respeito do modo do início do ensino deles. Mas ele acreditou nisso porque a

69 Sobre a doutrina das causas, ver Aristóteles. *Física* II, 2, 194a 13 – 3, 195b 30; id. *Metafísica* Δ, 5, 1012b 34 – 1014a 34; id. *Metafísica* A, 1, 982a 1 – 2, 982b 10: "esta ciência (i.e., a metafísica) deve especular sobre os princípios primeiros e as causas, pois o bem e o fim das coisas é uma causa" (982b 9-10).

70 Isto é, comuns às ciências naturais e às ciências artificiais.

71 Apud trad. Elia del Medigo: *descensus exercitus*.

arte da lógica não havia sido descoberta em seu tempo. Mas porque essa arte já está desenvolvida, é adequado que comecem primeiro pela lógica; em seguida, [passem] à aritmética, depois à geometria, depois à astronomia, depois à música[72], depois à perspectiva[73], depois à ciência dos pesos[74], depois à ciência natural, depois à metafísica.

[§2] Mas, embora os antigos divirjam quanto à necessidade de começar pela lógica ou pela matemática, e alguns tenham acreditado que a lógica fora descoberta para fortalecer o intelecto e para afastá-lo do erro, isso, porém, é necessário nas ciências elevadas como a ciência natural e a divina; mas as ciências matemáticas não precisam da lógica por causa da sua facilidade e por causa do seu afastamento da matéria. [§3] E se isso for como disseram e a lógica não for necessária, quando se quer aprender as matemáticas, aprendê-las depois da lógica seria sem dúvida conforme o melhor; nós, no entanto, buscamos no ensino dos homens dessa espécie o melhor modo; logo, devem começar pela arte da lógica.

[§4] Mas, quanto à lei segundo a qual devem receber o aprendizado, Platão acreditou que deve ser como foi dito, a saber, que sejam educados na música e que, quando tiverem chegado aos dezesseis ou dezessete anos – e isso depois que foram afastadas deles aquelas disposições de que falamos –, devem acostumar-se com a equitação até aos vinte anos e depois devem começar a ser ensinados em filosofia, conforme a ordem mencionada.

[§5] Mas Platão não acreditou que devessem iniciar-se nas ciências antes desse tempo, pois as opiniões deles ainda não estão corrigidas, tampouco suas cogitações são ordenadas.

[§6] Quando lhes for explicada a metaforização que há nas narrativas nas quais foram educados, também lhes ocorre ridicularizá-las e querer destruí-las no vulgo e arguí-las por meio de razões.

72 Ciências do *quadrivium*.

73 A óptica.

74 A estática.

Pois o costume deles, como diz Platão, em relação àquilo com o que são educados, a saber, os discursos e as narrativas, é como se alguém tivesse sido educado com alguém que julga ser seu pai e, quando tiver crescido e o seu intelecto se tornado vigoroso e começado a refletir a respeito disto, sabe que aquele não é seu pai, nem aquela é sua mãe, [§7] mas ele é adotivo; será que então não começará de algum modo a desprezá-los e a não engrandecê-los como fazia antes, de modo que às vezes os ridiculariza? E de modo semelhante é a disposição nessa espécie de homens quando chegam às ciências antes de tal ordem. Pois eles buscam, por causa da inquietude e juventude deles, destruir as leis e aquelas narrativas, como o cão arranca a veste de quem dele se aproxima.

[§8] E tu podes esclarecer isso porque isso acontece muito aos que filosofam[75] nessas cidades; e isto é muitíssimo nocivo para elas (i.e., para as cidades).

[§9] Depois, não deixam de aprender a ciência até os trinta anos e assim perfazem todas as partes dela. Quando chegarem aos trinta e cinco anos, devem ser submetidos ao regime do exército e permanecer nele durante quinze anos. Quando chegarem aos cinquenta anos, estarão então aptos a exercer o papel de senhores dessa cidade e ter domínio sobre ela. E, quando se entediarem com isto por causa do costume exagerado, retornarão para as ilhas da felicidade, como diz Platão. [§10] Entende por "ilhas da felicidade", como penso, a especulação sobre a forma do bem, em cuja causa se crê, ainda que haja alguns que creem que aqui está o bem do homem encontrado em vista de si mesmo. E acredita que a prática nas demais virtudes os afasta dessa especulação. Por isso, como penso, Platão acreditou que se isolam no fim da vida para especular sobre esse bem. [§11] Diz ele: é adequado aos cidadãos, em geral, fixar dias determinados nos quais narrem as suas virtudes, façam então sacrifícios e oferendas e, de modo geral, os engrandeçam como

75 Apud trad. Elia del Medigo: *philosophantibus*.

se engrandecem tais cidadãos. [§12] De modo semelhante é a disposição no engrandecimento das mulheres com disposição natural para o domínio. Com efeito, já dissemos que a mulher comunga com o homem em todas as operações dos cidadãos. Platão acreditou que o regime delas, em tal cidade, é adequado e belo quando domina em tal cidade mais que um homem.

[§ XVII, 1] E, quando completou isso, voltou a explicar o modo como será possível haver tal cidade da melhor maneira que pode ser. Já foi dito antes como é possível nascer tal cidade, quando acontecer que quem tem aquelas propriedades do sábio seja filho do rei ou que lhe seja adequado o domínio sobre a cidade por outras vias, como, por exemplo, quando for digno e prudente, tiver consanguíneos, honra e coragem. [§2] Quando isso acontece, o modo de fazer nascer essa cidade resulta, então, na confiança que ele tem nos que, na sua cidade, têm mais de dez anos ou perto disso e os deixa ir para uma convocação, toma-lhes os filhos e os educa conforme as condições e corretivos já mencionados. E, de acordo com esse modo, nasceria tal cidade em tempo mais breve e de modo mais fácil e melhor. [§3] E deves saber que isso que Platão estabeleceu é o melhor modo possível no seu estabelecimento; por outro lado, é possível que tal cidade tenha nascimento de outro modo, mas durante um longo tempo, e isto quando reis virtuosos advêm sucessivamente a tais cidades por um longo tempo e não deixam de inclinar [para o bom governo] essas cidades pouco a pouco, de tal modo que sejam conduzidas ao máximo de tal disposição para o bom governo.

Ora, a inclinação delas (i.e., das cidades) deve ser simultaneamente conforme duas espécies, a saber, em suas operações e em suas crenças. E isso se torna mais difícil, mas nunca difícil conforme as leis estabelecidas existentes no tempo e conforme a proximidade e o afastamento delas (i.e., das leis) de tal cidade. Mas, neste tempo, a inclinação delas para as operações virtuosas está mais próxima e possível do que para as crenças ou a boa confiança. [§4] E tu podes observar isso nessas cidades, mas, de modo geral, não é difícil para aquele que já tiver adquirido todas as partes da ciência e conhecido o modo de inclinação delas a partir do que crê reconhecer, [isto é,] que é difícil para elas ter boas crenças.

[§5] Ora, as cidades que buscam apenas as virtudes operativas são as que são chamadas "sacerdotais"[76], e já foi dito que tal cidade, a saber, sacerdotal, existiu antigamente na Pérsia.

[§6] Isso é tudo o que opinou Platão sobre o nascimento da cidade excelente e sobre a sua organização e também a demonstração do estabelecimento de leis nela.

E já explicamos isso do melhor modo que nos foi possível. E o que ainda restou para dizer sobre essa parte [da ciência política] é a respeito das outras cidades desviadas simples, como são conhecidas, e como essa cidade se transforma nelas e como algumas delas se transformam em outras.

[§7] Ora, o discurso do modo do surgimento dessas cidades, a ordem delas, e como podem atingir o que buscam do melhor modo e mais facilmente parece não ser necessário a esse artífice. Como basta ao médico conhecer os medicamentos simples, conhecendo as naturezas deles e sabendo quais são venenos apenas para que se previna a seu respeito, não é preciso que conheça o modo como são feitos e são compostos. Assim, ao filósofo, quando falar a respeito das demais cidades, a saber, as cidades desviadas, basta-lhe apenas conhecê-las e saber os males que provêm delas para a cidade excelente. Por isso, o que Platão busca a respeito disso é explicar o modo da cidade excelente entre eles (i.e., os gregos), a transformação de algumas delas em outras, compará-las entre si, entre suas oposições e entre aquelas [circunstâncias] que lhes acontecem.

E aqui terminamos e começa a terceira exposição dessa parte [da ciência política].

76 Corresponde às cidades em que domina a aristocracia; sobre a tradução do hebraico *kohanī* para "sacerdotal", ver nota 108 do Livro I.

LIVRO III

[§ 1, 1] Uma vez que [Platão] completou nesta parte o discurso a respeito desse propósito, a saber, do governo da cidade excelente, voltou-se para o que faltava a respeito desta ciência: o discurso sobre o governo das cidades que não são boas. Ele somente esclarece as espécies simples delas[1] e o modo como algumas se transformam em outras, e faz comparações entre elas e o governo excelente e vice-versa.

[§ 2] [Platão] esclareceu qual governo se opõe ao máximo ao governo excelente e qual é o intermediário entre os dois, a saber, entre o excelente e o mais oposto a ele, assim como os intermediários que estão entre os contrários; e de que modo estão ordenados esses intermediários a partir dos extremos, assim como há uma disposição nos demais contrários entre os quais há mais de um intermediário, mas que são distintos. [§ 3] Por exemplo, a cor branca é contrária à cor negra; ora, entre o branco e o negro há membros intermediários, que, porém, são ordenados, a saber, algumas delas (i.e., as cores) são mais próximas do branco, e outras, do negro.

1 Isto é, das cidades cujos governos não são bons, como a timocracia, a oligarquia, a democracia e a tirania, conforme *República* VII, 544c-544d.

E é manifesto que, se houver tal disposição num governo do modo como ocorre aqui, a mudança dos dois extremos cuja contrariedade é máxima acontecerá quando se transformarem antes nos intermediários e, além disso, de acordo com a ordem dos demais [intermediários], isto é, que os mesmos se transformem primeiro no intermediário mais próximo e depois naquele que o segue, e assim sucessivamente até que chegue ao extremo que é contrário ao máximo.

[§ 4] Esclareceremos isso quando chegarmos a essa passagem nas palavras de Platão. E de modo semelhante haverá também que comparar entre si os homens que exercem domínio em cada uma dessas cidades, a partir de seus governos e das mesclas acidentais que lhes ocorrem conforme cada um dos governos e [cada] correção.

Esse é o resumo, nas palavras de Platão, das coisas necessariamente incluídas nesta parte, que serão esclarecidas de acordo com o que ele próprio diz.

[§ 5] Dizemos que Platão estimou que os governos simples, com que são formadas as cidades, são ao todo de cinco espécies. O primeiro governo é o excelente, cuja exposição já foi feita; o segundo, a soberania da honra (= timocracia); o terceiro, a soberania de poucos homens (= oligarquia), e esta é a soberania das riquezas (= plutocracia), também chamada de soberania do vício; o quarto, a soberania da assembleia das diversidades[2] (= democracia); o quinto, a soberania do déspota ou tirano[3] (= tirania).

2 Texto possivelmente corrupto: lê-se "quartum principatus congregationis divitiarum"; o domínio dos ricos, a oligarquia, é o terceiro tipo de governo. Para a escolha de *diversitatum* (diversidades) no lugar de *divitiarum* (riquezas) ver infra § IV, 1-2.

3 Apud trad. Elia del Medigo: "quintum principatus victoriae vel tyranni". Tendo em conta as seguintes considerações, traduziram *victoria, -ae* e seus derivados por "déspota" ou "opressor" e seus derivados: em hebraico, o termo que foi traduzido por *victoriosa*, na tradução latina de Elia del Medigo, é *nitzaḥon*; o verbo *lenatzeiaḥ al* parte do radical *n tz ḥ*, que pode formar palavras com cinco sentidos. Um deles, *nitzaḥon*, significa "vitória", e é este o sentido mais comum. Todavia, como se trata de um termo bíblico, pode adquirir vários sentidos: *nitzaḥon* é uma vitória que alguém, com sua vontade, impõe à força ao vencido, o qual é derrotado com a vitória absoluta do oponente. O termo *natzaḥan* denota um sujeito agressivo, forte, autoritário, cuja atitude é decorrente da vitória absoluta; o uso mais raro é "tirânico". *Netzaḥ* significa "poder absoluto" em que cabe a ideia de violência, embora, no uso corrente do termo, não caiba a ideia de violência. Na *Epístola ao Iêmen*, a respeito do

E, se quisermos dividir a soberania excelente em soberania do rei (= monarquia) e soberania dos homens bons (= aristocracia), as soberanias serão seis.

[§6] Com efeito, quando neste governo exercer a soberania aquele que reunir cinco condições, que são a ciência, o discurso perfeito, a boa aptidão[4], a boa imaginação e a firmeza na tradição[5], e em cujo corpo não haja algo que o impeça quanto à observância das coisas a serem mantidas, há um rei pura e simplesmente, e seu governo é o governo do rei verdadeiro.

[§7] Quando, porém, essas propriedades não são encontradas senão numa determinada associação, de maneira que o primeiro indica o fim (i.e., a meta do governo) por meio de sua ciência, e o segundo conduz ao fim por meio de seu discurso, o terceiro é o que tem uma boa aptidão, o quarto tem a boa imaginação, o quinto [tem] a firmeza na tradição, e, de modo semelhante, eles se reúnem no estabelecimento desse governo e na sua conservação, esses são os que são chamados nobres ou senhores eleitos, e o governo deles é chamado governo excelente e de eleição.

[§8] Às vezes também ocorre que o senhor dessa cidade seja aquele que não atingiu esse grau de rei, mas é um bom conhecedor das leis estabelecidas pelo primeiro[6] e tem bom raciocínio em extrair destas o que não está declarado de início em qualquer lei e estatuto. É do gênero desse conhecimento o conhecimento que, entre nós, é chamado de "arte da jurisprudência", e, com

"tirano" (*natzaḥan*), Maimônides escreve que "ele teima em manter a sua opinião contra a verdade e contra a lógica". O verbo *lenatzeiaḥ al* significa vencer alguém com força e, com vontade autoritária, impor as consequências da vitória ao vencido. Elia del Mendigo fez uma tradução um tanto ingênua em relação ao conteúdo do texto, pois usou o significado mais comum de *nitzaḥon*, isto é, "vitória". Cf. GUR, Yehuda. *Milon Ivri* (Dicionário Hebraico). 4ª ed. Tel-Aviv: Dwir, 1950, p. 645. Sobre os significados de *netzaḥ* (= *naeṣaḥ*) na Bíblia Hebraica e na literatura de Qumrān, ver *Theologisches Werterbuch zum Alten Testament*. v. 5. Stuttgart/Berlin/Köhln/Mainz: Kohlhammer, 1986, p. 565-570. Agradecemos ao Prof. Nachman Falbel pelas informações dadas sobre essa questão.

4 Apud trad. Elia del Medigo: "bona sufficientia". Nas traduções inglesas: "good persuasion". Trad. Mantino 361E: "opulentia quantum satis est".

5 Apud trad. Elia del Medigo: "potentia in continuatione". Na argumentação, significa capacidade de manter as instituições.

6 Este "primeiro" pode ser tanto Muḥammad, o fundador do Islã, quanto Ibn Tūmart, o fundador da dinastia dos almôadas.

isso, ele tem o poder de coagir e de zelar[7] [pelas instituições], e é chamado rei de leis. [§9] E às vezes esses dois (i.e., o juiz e o que zela pelas instituições) não são encontrados em um único homem, mas o que zela [pelas instituições] é distinto do juiz; ambos, porém, por necessidade, participam do governo, como está disposto em relação a muitos reis árabes.

[§10] E nos parece que há uma espécie de governo, e é o governo do desejo, e é o governo cujo fim é apenas o prazer dos cidadãos.

[§11] E se acrescentas a esse governo o governo da necessidade, serão oito espécies de governo.

Ora, a exposição sobre o governo excelente já foi feita.

[§11, 1] O governo da honra e as cidades que buscam honras (= timocracias) são cidades em que os cidadãos se ajudam mutuamente para adquirir honra e para dela se aproximarem. Ora, na verdade, a honra é do homem para o homem, quando um considera no outro alguma perfeição e de alguma maneira submete sua alma a esse outro. Há ainda outra espécie corrente de honra, sem a submissão da alma do que presta honra ao que a recebe, [que ocorre quando um homem] presta honra [a outro homem] por causa de um proveito, isto é, para que este, por sua vez, conceda-lhe honra ou riquezas ou proveitos. Essa honra ocorre de acordo com a equivalência[8], ou se busca com dificuldade uma equivalência quando não acontece assim. Essa honra é a honra do mercado.

7 Apud trad. Elia del Medigo: "ipse habet cum hoc potentiam comminandi vel studendi". Aqui surge um problema, pois as traduções inglesas diretas do hebraico usam, no lugar de "zelar [pelas leis e instituições]", a expressão "capacidade para a guerra", e no lugar de "zeloso", "guerreiro". Na versão hebraica há uma única palavra correspondente a *comminandi vel studendi*, a saber, *ha-shqidá*, que significa "vigilância, assiduidade, perseverança, diligência"; para *studens*, o termo hebraico correspondente é *ha-sheqed*, que significa "perseverante, diligente, vigilante" etc. Rosenthal e Lerner optaram por verter *ha-shqidá* por "capacidade para a guerra" e *ha-sheqed* por "guerreiro", com base em um texto de Al-Fārābī, *Al-Fuṣūl al-madaniyya*, e conjecturaram que o tradutor hebraico enganou-se ao ler o original árabe *jihād*, cf. trad. Rosenthal, p. 208, nota 1; trad. Lerner, p. 105-106, nota 80.24,29. Na verdade, o termo árabe *jihād* significa "esforço", portanto, a tradução por "guerra" e "guerra santa" é mais uma interpretação que propriamente uma tradução.

8 Apud trad. Elia del Medigo: *aequalitatem*.

[§2] Mas a primeira espécie de honra acontece conforme a abundância de coisas adequadas pelas quais a honra é prestada, e é essa espécie de honra que deve ser mais visada pela cidade que busca a honra. E, por isso, há nela graus ordenados, de modo que nisso se assemelha à cidade excelente. Mas a diferença entre elas é que, na cidade excelente, as honras são coisas consequentes das virtudes e coisas boas que são verdadeiramente coisas boas, não que a honra seja buscada por si, mas ela é como uma sombra associada à virtude.

[§3] Mas, quanto às cidades que buscam a honra, a honra entre eles (i.e., os cidadãos) é visada por si, e esta é também ordenada entre eles de acordo com as coisas que a eles parecem boas. Ora, entre eles, estas [coisas boas] são as riquezas e as dignidades conforme a estirpe; e delas provêm coisas que trazem prazer como o jogo de dados; e delas provêm os que trazem necessidades como quando um homem recorre à sua riqueza e tem tudo de que carece, mas também favorece outros com essas coisas.

[§4] E estima-se que, dentre as coisas que são merecedoras de honras, o que é mais necessário é o amor ao aniquilamento e ao despotismo, e que o homem que é senhor não aceite domínio e não sirva àquele que lhe serve. De fato, considera-se que estes (i.e, os que não aceitam submeter-se a alguém) possuem a virtude principal à qual deve necessariamente ser atribuída a honra; e, dentre os homens, estes são conhecidos como magnânimos e, sobretudo, quando se acrescenta a isso que eles tenham a força sobre o despotismo e, em geral, ao fazer benefícios e malefícios. Ora, há força quando a potência do corpo e a potência da alma estão bem dispostas e há meios externos.

[§5] Com efeito, os homens que são desse modo são senhores em tais cidades, e o grau de honra deles é conforme o seu grau nas coisas que lhes parecem boas. Mas, aquele ao qual não é possível a honra, que a partir dela se torna senhor universal, tem um domínio particular: é senhor de acordo com um modo e aceita o domínio de acordo com outro.

[§6] E, por isso, narra-se sobre Mansore filho de Abuamer[9] que ele ia às reuniões e casamentos e dizia: que aquele que se mostra ser senhor dos fiéis[10] que ordene que a alma dele (i.e., de Mansore) se submeta para que seja honrada por eles, e que não seja honrada a alma que não se submete e não se subordina. [§7] Neste governo trajam-se vestes preciosas, como, por exemplo, as purpúreas e as douradas usadas pelos reis, e se sentam sobre cadeiras douradas. À primeira vista, de fato, tudo isso parece ser perfeições. E aquele que mais merece o domínio por meio delas é aquele em quem está reunido tudo isso que aparenta ser bom e que pode distribuí-lo igualitariamente e conservá-lo. Esse é o benefício[11] encontrado em tal cidade. [§8] E parece que essa cidade é melhor do que as outras cidades, à exceção da excelente. De fato, ela visa às virtudes que, à primeira vista, aparentam ser virtudes e operações belas; e, por isso, buscam operações tais que por meio das quais perdurará a boa memória deles, de modo que sejam honrados em vida e na morte. E esta espécie de associação é a associação da honra; raramente é encontrada pura e simplesmente num povo, por isso é difícil que haja tal cidade. Mas deves saber que essa espécie de governo é encontrada entre nós frequentemente.

[§III, 1] Mas, nos governos corruptos, há senhores que levam os cidadãos a muitas riquezas, não para que as deem aos outros, mas em vista deles próprios.

[§2] As riquezas, porém, são dúplices: riquezas naturais e riquezas por convenção. As naturais são aquelas pelas quais se busca sanar uma deficiência que acontece ao homem em seu ser, e são [constituídas pelos] alimentos, roupas, lugares onde

9 Al-Manṣūr ibn Abī ʿĀmir (Almanzor) (938-1002) ocupou cargos elevados na corte de Córdova durante o período final da dinastia dos omíadas do Ocidente; chefe de guerra e homem político ambicioso, exerceu poder efetivo em Al-Andalus de 978 a 1002.

10 O "senhor dos fiéis" corresponde ao árabe *amīr al-mu'minīn* ou *amīr al-muslimīn*, o comandante dos muçulmanos. O título era reservado aos que detinham o poder supremo, como Abū Yaʿqūb Yūsuf, "soberano dos dois continentes", isto é, da Espanha islâmica e do norte da África, que recebeu em 1168 o título de *amīr al-mu'minīn* (príncipe dos crentes/fiéis, comandante dos fiéis), dividindo-o com o califa abássida de Bagdá.

11 Apud trad. Elia del Medigo: *charitas*.

o homem mora, instrumentos das técnicas úteis nessas coisas e materiais por meio dos quais essas coisas são feitas.

Por outro lado, as moedas, o dinheiro e o que se recebe em seu lugar são riquezas por convenção. Estas, porém, não suprem a necessidade natural do homem e, por isso, não se encontram em todas as cidades. Mas a carência que leva às riquezas nas associações da cidade é devida às operações [comerciais] e ao meio [de troca]. [§3] Por isso o dinheiro é um meio de medida de qualquer riqueza e por isso estima-se que o próprio dinheiro é a riqueza, a mais adequada delas para a acumulação e para a compra. De fato, quanto às riquezas, [o dinheiro] é em potência todas as coisas e é, assim, fácil de carregar. [§4] O senhor dessas [riquezas] é o mais rico e poderoso deles. E se acrescentar-se a isto que ele tem a força para regê-los bem, tanto de acordo com o modo como [os cidadãos] adquirem riquezas quanto para conservá-las para eles, ele merece mais ainda ser o senhor dessa cidade. As riquezas provêm em primeiro lugar das coisas necessárias, como da agricultura, do pastoreio e da caça; em seguida, vêm do comércio, do salário e de outros [itens].

[§5] Essa é a associação baseada na riqueza (= oligarquia) e a intenção dessa associação e desse domínio consiste no domínio de poucos homens. Pois esse [regime] é buscado para que adquiram riquezas, logo é preciso que necessariamente sejam poucos e que a maior parte dessa cidade seja pobre, como será visto depois.

[§ IV, 1] Por outro lado, a cidade de assembleia (= democracia) é a cidade em que cada um é livre, pode fazer o que quiser e mover-se para o que lhe apetecer dentre as coisas prazerosas. [§2] Por isso, nessa cidade origina-se a totalidade das diversas coisas das outras cidades. Nesta [cidade], de fato, há alguns homens amantes de honras, alguns amantes de riquezas, alguns do despotismo e de sobrepor-se a outros, e não está excluído que haja nela aquele que possui virtudes e que se move de acordo com elas.

Por isso, originam-se nesta cidade todas as artes e costumes, e é apropriado que se origine a partir desta a cidade excelente e qualquer uma das outras cidades. [§3] E vê-se que aqui não há domínio, a não ser pela vontade dos que aceitam o domínio ou por causa das leis primárias. Com efeito, estima-se acerca das disposições dessa cidade que nem tudo deve ser lícito a todos. De fato, isso levaria a matanças e roubos entre eles, já que isso também é um dos desejos inerentes a muitos homens. [§ 4] Logo, não há dúvida de que as leis primárias devem ser conservadas; são as que os cidadãos escolheram no início de sua chegada à cidade e as que dizem respeito aos suprimentos que aí são encontrados. Em seguida, as leis secundárias, que dizem respeito às trocas. Aqui se situam as leis terciárias, acerca das disposições e o decreto destas[12]. [§ 5] É manifesto que, nessa cidade, visa-se principalmente à casa[13]; portanto, a cidade é em vista dela. Por isso, é preciso considerar que é pura e simplesmente doméstica, e o oposto a ela se dá na cidade excelente. E cada um deles quer que todos os bens lhe sejam próprios. E, conforme isso, muitas cidades encontradas em nossos tempos são de assembleia, e o homem que nelas é verdadeiramente senhor é o que pode governar segundo o modo como cada um atinge o que deseja e o conserva.

[§ 6] Essa cidade é considerada pela maior parte do vulgo a cidade excelente, pois, à primeira vista, parece a cada um que deve ser livre. Parece que essa cidade é a primeira das cidades que se originam das cidades da necessidade, pois, uma vez que os homens obtiveram o que é necessário, são movidos para o que é desejável, e necessariamente surge essa cidade. [§ 7] A associação nessa cidade é necessariamente uma associação por acidente, porque não buscam, em sua associação, um fim único. O domínio nela é um domínio por acidente. [§ 8] As associações que há sob muitos reis árabes são associações completamente domésticas; mas, quanto às leis, restou nelas a lei mediante a qual se conservam os estatutos ou as antigas leis. É manifesto que todos os bens dessa cidade são domésticos, e nela, por isso, algumas vezes, eles necessitam tomar de seus bens o que

12 Apud trad. Elia del Medigo: "Et hic sunt leges tertiae circa dispositiones et earum sententia". Possivelmente trata-se de "normas comportamentais".

13 Isto é, a dinastia, a linhagem ou o clã.

é proveniente dos bens adquiridos para dá-los aos guardiões ou a outros, e assim originam-se aí os tributos e os confiscos. [§ 9] Os homens estão divididos conforme dois gêneros: um gênero é o do chamado vulgo, e o segundo é o dos poderosos. Foi assim na Pérsia e é assim em muitas de nossas cidades.

E, por isso, o vulgo é pilhado pelos poderosos, e os poderosos encontram muitos artifícios para tomarem para si as riquezas dele, de modo que isso às vezes os conduz ao despotismo, como ocorre em nossos tempos e em nossas cidades. Mas, às vezes, o vulgo conserva seus bens, como quando as primeiras leis estabelecidas entre eles são coletivas; e acontece que cada um seja morto ou combata em vista da cidade; e que não é preciso dar algum de seus bens a alguém por causa da guerra, e isso ocorre quando os homens dessa cidade observam as leis da cidade da necessidade, sobretudo aqueles cujas vidas são a caça e a pilhagem. [§ 10] Mas, quando surgem neles apetites diversos e são levados a disposições opostas, não é possível, então, a todos combater; e, por isso, é preciso que os reis deles imponham serviços obrigatórios[14]. Quando, com isso, acontece que esses senhores dividem desigualmente os serviços obrigatórios por eles consignados e querem dominar sobre eles, o vulgo, então, suporta isso a contragosto e depois procura espoliar os nobres e poderosos, e o senhor exerce o despotismo sobre eles.

[§ 11] E, por isso, essa cidade (i.e., a democrática) está em oposição extrema à cidade despótica; os bens dos cidadãos, que a princípio foram atribuídos a esse povo, hoje são familiares, isto é, por causa das "casas" (i.e., dinastias) dos senhores, e, por isso, o segmento sacerdotal[15] ou nelas dominante é hoje pura e simplesmente despótico. Esta é a disposição da cidade de assembleia e do que nela se passa.

14 A palavra latina *angaria* corresponde em português à *angária*, termo registrado nos dicionários que, por ser arcaico, não foi usado na tradução.

15 Sobre a tradução do hebraico *kahanī* (ou *kohanī*, conforme a pronúncia), ver a nota 108 do Livro I.

[§ V, 1] Por sua vez, a cidade verdadeiramente despótica é a cidade na qual, na associação dos cidadãos e na preservação deles, busca-se a perfeição de uma única intenção, a saber, a intenção do déspota, para que ele chegue ao que estabeleceu como seu fim, como o desejo apenas da opressão, ou o desejo da honra, ou o desejo das riquezas, ou o desejo do prazer, ou de tudo isso ao mesmo tempo. Está claro que em tal associação não se busca outro fim, exceto o de servir ao déspota e obedecer-lhe no que ele quer, e por isso assemelham-se a servos, ou até são verdadeiramente servos. E essa associação está em contrariedade extrema à associação excelente. Pois a associação excelente é aquela em que se busca que cada cidadão participe da felicidade conforme o que em sua natureza pode ser virtuoso. [§ 2] Por isso, nas excelentes artes reais, a intenção está no trabalho dos cidadãos, como ocorre nas outras artes. Um exemplo é a arte da medicina. De fato, ela busca a saúde dos doentes, não apenas o alcance da intenção do médico. De modo semelhante, a intenção do navegante é conservar os homens da nave, não apenas a si próprio, como é a intenção do déspota ou tirano. Ele (i.e., o tirano) busca apenas em vista de si próprio, não para tornar os cidadãos bons, nem para que obtenham a perfeição, mas para levá-los apenas às coisas necessárias na medida em que possam servi-lo completamente, como é feito com os servos.

[§ 3] Fica claro que essa cidade é injusta ao extremo, porque nenhuma das artes operativas busca tão somente a perfeição da arte. Isso é manifesto por si. Mas porque o regime das casas[16] dessa cidade e de outras artes mecânicas que nela se encontram busca tão somente a perfeição de uma única intenção e tão somente a vida de uma única casa, sem que com isso ninguém tenha intenção própria – na cidade excelente, a casa e as outras espécies[17] de homens buscam o bem de um único [tipo

16 "Casa" significa aqui o clã, a linhagem ou a dinastia.

17 Apud trad. Elia del Medigo: "reliquae species hominum". A palavra "espécie" no texto parece indicar, de acordo com a passagem, a função do cidadão na cidade:

de] homem, que são os senhores[18] –, nisso se assemelham às cidades despóticas.

[§ 4] Mas a diferença entre elas (i.e., entre a cidade despótica e a excelente) é que, embora as demais espécies de homens em qualquer uma dessas duas busquem a perfeição de apenas uma única intenção, na cidade excelente qualquer homem das espécies dela tem uma intenção a buscar em vista de si próprio, porque é esta a felicidade dele. [§ 5] Quando a isso se acrescenta que a intenção é inerente a eles em vista dos reis, então as intenções dos cidadãos são em vista das intenções deles (i.e., dos reis); por isso, uma espécie ajuda a outra na cidade excelente quanto ao alcance da felicidade, a saber, a espécie dos senhores e a espécie do vulgo. De fato, a espécie do vulgo serve aos senhores para que se perfaça para eles, por meio disso, a intenção da ciência; mas os senhores servem ao vulgo de maneira a conduzi-lo à sua felicidade. Assim, isso é chamado servidão, mas deve mais ser chamado governo ou correção.

[§ 6] Ora, não é assim na cidade despótica. Com efeito, nela os senhores não têm no vulgo outro intento senão apenas algum intento em vista de si próprios. Por causa dessa semelhança que há entre as cidades sacerdotais[19], isto é, as excelentes, e as cidades despóticas, os segmentos sacerdotais encontrados nestas cidades (i.e., as aristocráticas) se transformaram muitas vezes em despóticos. E fingem que o intento deles é em vista do bem, como é a disposição nos segmentos sacerdotais das cidades que são encontradas em nosso tempo.

[§ 7] Por outro lado, o tirano deve necessariamente ter partidários por meio dos quais oprima depois os cidadãos, a não ser que aconteça, às vezes, que tais partidários e homens de força não participem do domínio. De modo geral, essa cidade é despótica e tirânica. Às vezes, ocorre que eles têm participação

são duas espécies de homens, os cidadãos e os reis (senhores e poderosos).

18 A frase é ambígua: significa que, na cidade excelente, o propósito das casas e de outros tipos de homens é a busca de um propósito bom para um só tipo de homem, que é o governante.

19 Sobre a tradução do hebraico *kahanī* por "sacerdotal", ver nota 108 do Livro I.

no domínio, e a sua distinção nesse domínio é como a sua distinção no despotismo. [§ 8] Essa espécie de cidade despótica é mais encontrada, sobretudo no princípio da instauração da cidade despótica. Ela é, na sua espécie, opressora, a saber, que nela os homens de força juntos com o tirano oprimem o vulgo. Às vezes, acontece que os cidadãos em conjunto se entreajudam para oprimir outras [cidades], e não que alguns deles oprimam outros. O grau deles será de acordo com o seu grau na capacidade de oprimir e na boa reflexão quanto à libertação e à conservação delas (i.e., das cidades); e será senhor deles o primeiro em quem essas intenções mais se encontrarem e com prioridade.

Essas são as cidades despóticas ou tirânicas e as espécies delas.

[§ VI, 1] As cidades que buscam os prazeres são aquelas cujos cidadãos buscam obter prazeres sensoriais como comidas, bebidas, relações sexuais e outros. [§ VII, 1] De modo semelhante, as cidades da necessidade são aquelas cujos cidadãos, na associação, buscam conseguir as coisas necessárias. Aquilo de que obtêm as coisas necessárias são a agricultura, a caça ou a rapina; mas a agricultura é natural ao homem na obtenção do que é necessário, ultrapassando todo o resto em naturalidade.

Isso é suficiente, aqui, a respeito do conhecimento dessas cidades conforme a intenção dessa ciência na intenção primária.

[§ VIII, 1] Mas são mistas e divididas conforme a diversidade das disposições[20] da alma e, por conseguinte, são necessariamente conforme o número das disposições da alma, e a causa por que são conforme esse número nada mais é senão [que este é] o número das disposições da alma.

[§ 2] Com efeito, a parte irascível deseja a honra, mas quando isso se intensifica será opressora. O desejo de prazeres e de riquezas, porém, pertence necessariamente à parte concupiscível. A

20 Apud trad. Elia del Medigo: "secundum diversitatem morum animae". Trad. Mantino 364B-C: "varietas diversitati morum animi". No texto hebraico "qualidades, atributos". Rosenthal informa que corresponde ao grego *kataskeuaí* (disposições, constituições mentais), cf. nota 1, trad. Rosenthal, p. 218. Lerner optou por traduzir para "estados da alma", cf. trad. Lerner 86:30.

causa de haver a cidade da associação (= democracia) é, porém, a diversidade das disposições da alma e o que é naturalmente inerente a cada um dos homens, de modo que alguns são levados a certos costumes, e alguns, a outros.

[§ 3] Se as partes da alma fossem separadas umas das outras, uma das demais, e dentre elas não houvesse uma menos nobre em vista da mais nobre, assim como talvez creem muitos homens, a associação humana seria então uma associação livre; do mesmo modo, se as partes da alma fossem em vista da parte irascível, a associação humana seria uma associação que busca a honra e o despotismo; e, de modo semelhante, se a parte concupiscível da alma fosse a principal, a associação que busca riquezas e prazeres seria uma associação excelente.

[§ 4] Mas já foi explicado na ciência natural, e também nesta ciência (i.e., a ciência política), que nisso a disposição se dá de modo oposto e que, dentre as partes da alma, o domínio é só da parte racional; por isso, a cidade em que essa parte domina é a cidade excelente.

[§ IX, 1] Depois do que foi explicado a respeito da disposição dos fins dessas cidades, devemos prosseguir passo a passo nas palavras de Platão acerca do modo da transformação dessas cidades umas nas outras e da comparação entre elas. Em primeiro lugar, ele (i.e., Platão) começa a comparar duas [cidades] quaisquer separadamente; em seguida, compara os dois homens que as dominam; depois compara todas entre si ao mesmo tempo, porque a disposição no governo das cidades é mais conhecida que as disposições [da alma]; e, de modo semelhante, assim como a equidade[21] em uma cidade é mais conhecida que a equidade numa alma, também parece ser assim a respeito da não equidade.

[§ 2] Logo, digamos que, dado que esta cidade, a saber, a excelente, quando for encontrada, dificilmente se corrompe, sem dúvida se corromperá necessariamente, já que tudo o que é

21 Apud trad. Elia del Medigo: *aequalitas* (corresponde à justiça platônica).

gerado se corrompe, como está explicado na ciência natural e como fica claro por indução.

Mas de que modo lhe ocorre a corrupção? É manifesto que ela lhe advém a partir do gênero dos que dominam quando nele acontece confusão, corrupção e mescla dos de prata com os de ouro.

[§3] De fato, dos senhores nessa cidade, quando não buscam com cuidado unir-se com os semelhantes no modo como foi dito, são gerados filhos dessemelhantes a eles. E como estes não são expulsos do gênero dos guardiões, mas permanecem guardiões, os que entre eles são maus não deixam de afastar-se das disposições com que foram educados, desprezando a música e preferindo o exercício físico. Serão, então, fortalecidas a parte irascível e a parte concupiscível. Quando passa a haver tal espécie de homens no gênero dos senhores e se mistura à espécie excelente, cada um deles leva o companheiro para a sua semelhança, e fortalecem-se aquela espécie de ferro e a de bronze para receber dinheiro e ganhá-lo. Alguém, entretanto, persiste firmemente naquelas primeiras virtudes [§4] e, quando a sociedade entre eles se prolonga, voltam ao meio termo entre o governo excelente e o governo em que se busca a acumulação de dinheiro, e [os das espécies de ferro e de bronze] adquirem casas, terras e dinheiro e os tornam sua propriedade, e disso eles dão aos guardiões [de ouro e de prata] um tanto para que se sustentem e, nessa operação, os tornam como que servos após terem sido livres e amigos; recebem o domínio em razão da sua coragem e do costume de lutar e de terem sido amados e honrados. [§5] É manifesto que tal governo é como que um intermediário entre o governo das riquezas, um governo de poucas alterações, e o domínio excelente; de fato, na medida em que esse gênero de guardiões nada exige quanto à recepção de dinheiro nem das outras artes, assemelha-se ao da cidade excelente; mas, como nessa [cidade] os senhores não são aqueles excelentes que definimos, pois já decaíram no domínio dos irascíveis e no despotismo, vê-se a respeito dela que também não é a excelente; é, portanto, uma cidade mista de bem e mal.

[§ 6] Conforme a opinião de Platão, esse domínio é o primeiro em que se transforma o domínio excelente. De fato, a preferência pelas honras, pela violência, e o amor ao domínio e à opressão dominam mais nas almas dos virtuosos do que os demais desejos, por isso, como dizem os judiciosos, o amor à honra é a finalidade do domínio dos amigos, isto é, sobre os amigos. Além disso, essa é, à primeira vista, a primeira coisa que é preferida depois do saber, porque a honra é como que uma sombra associada ao saber e como que a coisa mais próxima em que se transformam os virtuosos. Por esse motivo, muito frequentemente o virtuoso não pode despojar-se do amor à memória[22] e à honra; quando o amor à honra se intensifica até a opressão nessas cidades em que a espécie excelente domina, o afastamento do domínio então não é menor no gênero mau, e elas recebem o domínio de um déspota ou de déspotas, ou nasce nelas um homem de tal disposição[23]. Foi nisso que [Platão] acreditou, em princípio, quanto à mudança do governo excelente.

[§ 7] [Platão] pensa de modo semelhante a respeito da mudança do homem adequado ao governo excelente; e é a [mudança] do filósofo para o homem adequado ao domínio da associação que busca honra, o que deseja a felicidade da honra. Diz: a disposição desse homem, do qual se diz que consiste no desejo da felicidade da honra, é que ele seja um homem que escolhe o exercício físico, escolhe a caça, odeia a música, é amante do domínio e da opressão; ele não quer que lhe seja atribuído o domínio porque discursa ou é cordato[24], mas por causa da sua coragem no combate. [§ 8] [Platão] diz que aquele cuja disposição é essa é, sem dúvida, aquele que na juventude continuamente despreza o dinheiro e, depois, na velhice nasce nele o amor ao dinheiro. De fato, a sua natureza não é uma natureza pura,

22 Isto é, de ser lembrado.

23 A possibilidade de cair no despotismo é tríplice: 1) o afastamento do melhor governo; 2) a instauração de um governo que delega o poder a algum déspota ou a vários déspotas e 3) o nascimento de um déspota que virá a governar a cidade.

24 Cf. *República* VIII, 549a: "discurso" pode referir-se à retórica, e "ser cordato", à submissão aos magistrados.

assim, no limite dessa disposição, ele comunga com a natureza do amante do dinheiro, porque ele próprio já está abaixo do guardião excelente, conforme a medida de seu afastamento da audição dos discursos dos músicos, nos quais está, quando a alma se inclina desde o princípio de sua disposição, a escolha da virtude durante toda a sua vida. Essa é a característica do homem que ama a felicidade da honra.

[§9] De que modo, porém, nasce do homem virtuoso esse homem? Isso acontece quando esse jovem é filho de um homem virtuoso que foi educado numa cidade de um governo não bom e foge das honras, dos domínios nela estabelecidos e daqueles que seguem estes, e se afasta de todas as coisas, como acontece aos virtuosos quando estão nas cidades não boas.

[§10] Quando, portanto, isso é assim e foi essa a disposição do pai desse jovem, então, a primeira coisa que acontece a esse jovem é ouvir as queixas de sua mãe sobre seu marido, isto é, seu pai, que ele não é um dos senhores e que, por causa disso, ela não tem nobreza e honrarias e vive como que uma vida de pobre, porque ele não busca o acúmulo de dinheiro, nem o deseja, e, por isso, ela diz a seu filho: "tu tens um pai que não tem a natureza de homem e é muito insensível", e [palavras] semelhantes a isso, como é o costume das mulheres de denegrir os maridos. De modo análogo, também os servos desse jovem e os companheiros dele e, em geral, todos os de sua casa que lhe obedecem.

[§11] Quando vê alguém açoitando seu pai ou fazendo-lhe uma injustiça, ela ordena a seu filho que ele assuma a vingança contra aquele que fez isso contra o pai e lhe retribua uma injustiça dupla, e, de modo geral, no tocante a todas as suas ações, seja mais corajoso que seu pai. E, como isso é assim, acrescente-se que, em tal cidade, a opinião dos cidadãos é que quem pratica ações próprias que outros não praticam é chamado tolo, melancólico e medroso. Aqueles que exercem o domínio sobre os que não devem dominar e praticam ações não adequadas são louvados por eles, são honrados e chamados corajosos. [§12]

Então, esse jovem necessariamente mistura a natureza excelente e a virtude conforme seu pai o educava – e é a sua parte racional ou cogitativa – com a natureza concupiscível e irascível, de acordo com o que esses homens não deixam de educá-lo. Assim, ele se torna ou é tornado no que é intermediário entre o amor cobiçoso intenso e o amor à virtude. O seu domínio se torna o intermediário, que é o amor à honra. Com efeito, essa parte da alma, como muitas vezes dissemos, é mais próxima da parte virtuosa. E necessariamente ele se torna um homem que pratica o que é grande. Essa é a característica do jovem que é um dos que buscam a felicidade da honra e o modo de mudança dele a partir da natureza excelente. E esse modo [é] semelhante à cidade que busca as honras e a sua transformação a partir da cidade excelente.

[§13] A partir da disposição do governo dos árabes nos tempos antigos, podes saber o que disse Platão a respeito da transformação do governo excelente no governo que busca honras e da do homem virtuoso no homem que busca honras. Com efeito, o governo deles assemelhava-se ao governo excelente[25]; depois, no tempo de Mavia[26], transformou-se no [governo] dos

25 Averróis se refere aos primeiros quatro califas que sucederam Muḥammad: Abū Bakr (ca. 570-634), ᶜUmar (ca. 591-644), ᶜUṯmān (? – 656) e ᶜAlī (? – 661); eles são os chamados "califas retamente guiados" (*ḫulafā' rāshidūn*), porque foram companheiros e sucessores diretos do Profeta. Sob esses califas, formou-se o Império Islâmico, que se estendeu do Maġrib (norte da África) até o rio Oxus, no leste asiático. Sob o reinado deles foram assentadas as bases do Estado Islâmico e foram discutidas as primeiras questões concernentes ao *imāmato*/califado; foi estabelecido o texto oficial do *Corão* e foram tomadas as primeiras medidas legislativas a fim de preencher as lacunas jurídicas deixadas pelo *Corão* e pela *sunna*. Nessa época também surgiram as rivalidades internas que resultaram na guerra civil de 656, chamada de "grande desordem" (*fitna*), após o assassinato de ᶜUṯmān, engendrando rupturas que geraram movimentos político-religiosos no interior da comunidade, tais quais o xiismo e o *ḫārijismo*. Os muçulmanos conservaram a ideia desse primeiro período, correspondente a uma idade de ouro perdida, com base em um *ḥadīṯ* profético, isto é, atribuído a Muḥammad, que diz: "Minha comunidade permanecerá na via reta durante trinta anos; depois cairá sob o governo da realeza (*mulk*)". Esse *ḥadīṯ* confere um estatuto honroso ao califado dos quatro "bem dirigidos" que governaram em Medina, antes da vitória dos omíadas com Muᶜāwiya, quando a capital do império foi então transferida para Damasco.

26 Trata-se do califa Muᶜāwiya, fundador da dinastia dos omíadas (ver nota anterior).

que buscam honras. Vê-se que essa é a disposição no governo encontrado hoje nestas ilhas[27].

[§ x, 1] Em seguida, ele investigou em que governo é possível que se transforme essa cidade que busca honras e, entre alguns senhores das cidades, em que homem pode transformar-se esse homem que busca a honra.

[§ 2] Ele diz que esse governo, isto é, o dos que buscam a honra, na maioria das vezes transforma-se no governo de poucos homens. Esse domínio, como foi dito, é o domínio em que dominam os ricos, e os pobres não participam do domínio de nenhum modo. Ora, houve a transformação dos que buscam a honra para esse governo, porque, quando consideraram na sucessão dos tempos, viram as vantagens que se seguem ao dinheiro e ao numerário, e escolheram uma ajuda, afastaram-se da virtude de um ou outro modo na cidade que busca a honra e honraram o dinheiro e os trocados com honra torpe; assim, é possível que fique claro o que Platão disse quando considerou quais [são] as cidades que buscam honras e como se alteram.

[§ 3] Esse domínio é um domínio vil, torpe, infamante e de pouca duração. Por pouca coisa, exterior ou interior a ele, facilmente se corrompe. Nele, o princípio do desvio[28] é que eles não dão o domínio àquele em quem há o que basta para mantê-los, mas buscam tão somente que seja rico. É como se alguém preferisse que o piloto do navio fosse o mais rico de todos os que estão presentes no navio e desconsiderasse um piloto que fosse um verdadeiro piloto e marinheiro para ser o senhor do navio porque é pobre. Na verdade, aquele que age desse modo, sem dúvida predispõe a nave ao desastre.

[§ 4] Isso ocorre de modo semelhante na cidade; e essa cidade não é uma única cidade, mas duas, isto é, a cidade dos ricos e a cidade dos pobres. Na verdade, quando eles ajuntaram o

27 Certamente Averróis está criticando o governo dos almôadas, pois afirma "o governo encontrado hoje nestas ilhas". O nome árabe da Península Ibérica é *Al-Jazīrat al-Andalus* (Ilha al-Andalus), por isso a referência às "ilhas".

28 Apud trad. Elia del Medigo: "principium erroris in ipsa".

dinheiro e o acumularam, os demais permaneceram pobres. Além disso, o mal[29] que ocorre nessa cidade é que eles não podem, de nenhum modo, lutar ou defender-se. De fato, necessariamente ocorre-lhes um dos dois [modos], a saber, que acolham muitos valentes, mas esse modo não lhes é possível porque os temem, por isso se diz do domínio deles ser um domínio de poucos homens; eles também não podem fazer isso quanto ao dinheiro por causa da avareza deles. Se, porém, eles próprios forem guardiões e se uns poucos forem mortos, fogem da luta.

Podes esclarecer isso a partir da disposição de muitos povos que permanecem em paz quando com eles lutam os povos pobres.

[§ 5] Em tal domínio, necessariamente acontece-lhes também outro desvio, e é o que muitas vezes foi dito ser mau e inadequado, a saber, que um só se ocupe com muitas coisas, que seja, [por exemplo,] agricultor e negociante.

[§ 6] Diz: a geração dessa espécie de senhores nessa cidade é o maior dos males que nela se introduzem. De fato, eles nunca deixam de desviar o governo para o que lhes é útil, sobretudo na aquisição de riquezas. A partir de leis estabelecidas em tal cidade, portanto, será sem dúvida [determinado] que os sacerdotes[30] ou os superiores entre eles não devem dominar, que cada um deles e qualquer esbanjador devem doar suas riquezas, e leis semelhantes a essas.

[§ 7] E, como isso é assim, necessariamente multiplicam-se os pobres em tal cidade, e eles permanecem como espinhos nos olhos[31] dos ricos, cujo número é pequeno. Outras ocorrências nessa cidade são assemelhadas às vespas geradas nos favos de abelhas que comem o mel e não o ajuntam. Como essas vespas são a maior doença no favo das abelhas, assim é a disposição em tal cidade. Tendo sido assim, nela haverá necessariamente pobres

29 Apud trad. Elia del Medigo: *malitia*.

30 Refere-se aos de posição elevada, como está explicado na nota 108 do Livro I.

31 Apud trad. Elia del Medigo: "spinae inter oculos divitum". Em sentido figurado, *oculus, -i* significa objeto de afeto, aquilo que é querido. Com essa expressão, Averróis indica que os pobres representam um entrave para os bens dos ricos.

e, então, haverá também ladrões, usurpadores e homens maus; por isso acontecem em tais cidades muitas espécies de males.

[§ 8] Tais são a injustiça e o mal que ocorrem nessa cidade, os quais, no mais das vezes, não acontecem na cidade que busca honra; por isso, esta cidade (i.e., a timocracia) esteve mais próxima da cidade excelente, e a distância entre aquela (i.e., a oligarquia) e esta é, por isso, conforme a medida do desvio que nela ocorre.

[§ XI, 1] Depois que foi explicado como se transforma a cidade que busca honras nesta cidade (i.e., na oligarquia) e quantas são as espécies de desvios que ocorrem nela e qual é o seu governo, devemos também investigar a respeito do seu senhor e de que modo ele se transforma e em que cidade ele se encontra.

[§ 2] Digamos que, quando acontecer que o que busca honra tem um filho, que depois o sucede, é possível que este se torne pobre e perca tudo que adquiriu. Com isso, ele tem algum domínio dentre os domínios, como comandante do exército, e, contra ele, homens o demandam em juízo e o censuram. Então, quando lhe acontece isso ou algo semelhante, ele prefere a morte à pobreza e também afasta de sua alma o amor à honra, escolhe a aquisição de dinheiro e abandona todos os demais desejos.

Será, portanto, de conformidade com isso, a mudança do homem que busca honra para o que busca dinheiro. [§ 3] Esse homem, sem dúvida, é avaro e só busca o necessário, mas não faz isso por causa da virtude que há nele, mas [porque] afasta aqueles desejos em vista de um desejo maior que há nele, que é o amor ao dinheiro. Por isso, tais homens, quando se tornam ricos com o dinheiro dos outros, não se privam dos desejos desnecessários. Por causa da avareza presente nele, como dissemos, ele rapidamente se destrói e será de fácil corrupção. [§ 4] De modo geral, a mudança do homem que busca honras para o homem que tem predileção pelos prazeres é coisa manifesta, porque ele se compraz seja com o dinheiro seja com os demais prazeres. E observa-se que há essa disposição [tanto] na cidade que busca honras quanto na cidade que busca prazeres, pois as cidades das riquezas e dos prazeres são de um só gênero, e vemos isto acontecer com frequência, a saber, que os reis se corrompem por causa disso.

[§5] Exemplo disso, neste tempo, é o domínio dos homens chamados "reunidos"[32]. De fato, eles, no início, foram semelhantes ao governo legal (i.e., ao governo sob a *Sharīca*) - isso com o primeiro desses homens[33]. Depois, o seu filho aderiu às honrarias, e o amor ao dinheiro imiscuiu-se nele. Depois, [a timocracia] foi mudada por seu neto para o governo que busca prazeres conforme todas as espécies de prazeres e se extinguiu no seu tempo. De fato, naquela época, o regime que se opunha a este assemelhava-se ao governo legal (i.e., ao governo sob a *Sharīca*)[34].

[§6] Este é o discurso sobre o modo de transformação do homem que busca honra para o homem que busca riquezas e há uma diferença entre eles. Com efeito, é manifesto que quem busca riquezas é mais desprezível do que quem busca honra.

32 Elia del Medigo usa o termo *colligati* em clara alusão ao significado da palavra árabe *al-murābiṭūn* (almorávidas), derivada da raiz *r-b-ṭ*, cujo verbo *rabaṭa* significa "ligar, atar, unir". *Al-murābiṭūn*, que significa "reunidos para lutar", remete-se a Corão III:200: "Pacientai e perseverai na paciência; e sede constantes na vigilância (*rābiṭū*) [...]" (trad. Helmi Nasr). Talvez o propagador do movimento almorávida, Ibn Yāsin, tenha identificado seus seguidores com os primeiros muçulmanos e feito da religião a real causa da união de suas forças, e não a solidariedade tribal, o que, dessa forma, permitia a inclusão de indivíduos de origem tribal diversificada. Foi com Ibn Yāsin que a conquista e a islamização do Maġrib repetiram a história do Profeta Muḥammad e dos primeiros líderes muçulmanos que uniram as tribos para conquistar novos territórios e, para terminar com as rivalidades entre as tribos, substituíram as lideranças tribais por uma religiosa. Cf. Kennedy, H. *Os Muçulmanos na Península Ibérica: História Política do al-Andalus*. Portugal: Publicações Europa-América, 1999, p. 181-182. Há a versão de que o nome *al-murābiṭūn* foi adotado quando, depois de uma batalha, Ibn Yāsin e seus seguidores foram obrigados a se retirar numa *ribāṭ* (fortaleza-mesquita), daí a denominação, cf. ibid.

33 Yūsuf ibn Tāshfīn (reinou entre 1061 e 1106) foi o primeiro soberano almorávida; fez de Marrakech a sua capital, conquistou o Maġrib e, promovendo uma incursão na Península Ibérica, impediu a reconquista cristã na vitória de Zallaqa em 1106.

34 Averróis indica que Yūsuf ibn Tāshfīn respeitou as leis estabelecidas; seu filho, cAlī ibnYūsuf (reinou entre 1106 e 1142), e seu neto, Tāshfīn (reinou entre 1142 e 1146), distanciaram-se do modelo inicial. Depois de Tāshfīn, houve ainda dois soberanos almorávidas até 1147, quando a dinastia foi então substituída pela dos almôadas, cujo regime se opôs ao dos almorávidas.

Essa é a disposição entre eles[35] (i.e., o homem que busca honras e o homem que busca riquezas).

[§ XII, 1] Devemos agora considerar em que cidade se transforma essa cidade por si própria. Digamos que ele diz que ela se transforma na cidade de assembleia (= democracia). De modo semelhante, explicou que o homem que busca honra se transforma no homem dessa cidade. [§ 2] Mas o modo de transformação da cidade que busca riquezas para essa cidade é que o domínio de poucos homens na cidade consiste apenas na aquisição de dinheiro, e as leis que eles estabeleceram foram necessariamente leis que os ajudavam nessa intenção; por isso, o princípio que estabelecem por lei é que seja lícito a qualquer jovem gastar o seu dinheiro em tudo o que queira, em qualquer desejo que lhe apeteça, pois, por meio disso, chegam a ponto de arrancar-lhes todo o seu dinheiro. De fato, tal domínio, querendo juntar dinheiro, não estabelece leis sobre a moderação. [§ 3] E como os homens se entregam a seus desejos e sobram poucos homens não pobres, ou melhor, muitos são pobres, estes que permanecem pobres não são os de origem humilde, são antes os nobres e os corajosos. Como estes surgem nessa cidade e nela se multiplicam, então necessariamente têm raiva dos ricos e avaros, odeiam-nos e dizem-lhes que são torpes porque foram eles a causa de terem sido levados à pobreza e ao desprezo. Assim, também estabelecem nessa cidade muitas leis. [§ 4] Diz: também tornam ociosas e adormecidas suas almas porque eles não cuidam de algo que não seja o acúmulo de dinheiro.

[Platão] diz que, quando tiverem sido reunidos muitos pobres dessa natureza[36], são em relação a si próprios como vespas nos favos das abelhas e comparam-se com os ricos na luta e com as demais coisas da cidade para as quais a necessidade de assembleia conduz, e descobrem que são mais fortes que eles

35 Apud trad. Elia del Medigo: "Et haec est dispositio inter eas". Seguimos a argumentação de Averróis que está comentando a diferença entre o homem timocrático e o plutocrático.

36 Apud trad. Elia del Medigo: *substantia*.

(i.e., os ricos) em qualquer coisa, criticam-nos e creem que estes se tornam ricos para que [os pobres] sejam desprezados e para vergonha deles (i.e., dos pobres).

A disposição dessa cidade será, portanto, como a disposição do corpo que tem muitas fissuras. [§5] Como a destruição de tal disposição conduz facilmente à doença por uma pequena causa exterior, assim também é a disposição nessa cidade. Portanto, quando houver outra cidade em luta contra ela, sobretudo uma [cidade] de assembleia, eles (i.e., os pobres) os ajudam como vespas e se reúnem com eles (i.e., com os da outra cidade) para espoliarem os ricos, tomarem o seu dinheiro e expulsá-los da cidade.

Assim como é possível um corpo sair de si mesmo e mudar, também é possível que essa cidade se transforme por si em uma cidade de assembleia. [§ XIII, 1] Isso quando se reúnem os pobres que há nela contra os ricos, espoliam o seu dinheiro e os matam ou os expulsam da cidade. Podes explicar isso sobre a avareza e sobre a discórdia que houve entre os pobres e os ricos nessas cidades.

Quando for assim e dominarem nessa cidade tais homens pobres e cada um fizer o que lhe aprouver, e entre eles o domínio se der conforme a sorte, todos em tal cidade serão, sem dúvida, de qualquer espécie de homem e não haverá nobreza para nenhum deles de nenhum modo, e a sua lei será uma lei igualitária, a saber, que nenhum deles é mais nobre. [§2] Por isso, essa cidade, a saber, a de assembleia, assemelha-se a uma veste tecida de lã multicolorida. Assim como as mulheres e crianças julgam ser boas tais vestes por causa da diversidade de cores, do mesmo modo é o que parece à primeira vista a respeito dessa cidade. Mas não é essa a verdade dos fatos; pois [essa cidade de assembleia] é de fácil destruição, exceto se for fortalecida na sua virtude, nobreza e honra, como é a disposição nas cidades de assembleia encontradas em nossos tempos e nas do passado. [§3] A partir dessa cidade são encontradas a cidade excelente e as outras espécies de cidades. De fato, elas encontram-se nela em potência, porque se encontram nessa cidade todas as disposições da alma.

Com efeito, parece que as primeiras cidades que surgem naturalmente são cidades da necessidade; a elas seguem-se as cidades de assembleia; depois, outras cidades se ramificam. [§ 4] Por isso, os sábios, como diz Platão, devem examinar tais cidades (i.e., as democráticas) e escolher dentre elas as melhores espécies, mais próximas da associação excelente, de modo que surjam virtuosos para nelas habitarem, assim como faz o homem quando estabelece uma loja que vende de tudo e escolhe dentre [as coisas] o que for melhor para ele.

[§ 5] Diz também que essa cidade tornou-se sem carência; algumas vezes, por deferência a alguma coisa cívica vantajosa, como, por exemplo, a guerra, a paz e outras [circunstâncias], chega facilmente à deterioração; por isso, vemos tais homens, que merecem ser mortos, habitarem entre eles quase como se não temessem a Deus ou não se preocupassem com Ele.

[§ 6] Diz ele que, com isso, não engrandecem as coisas que nós engrandeceríamos quando buscávamos a cidade excelente, nem seguem aquelas ações. Essa é a medida do desvio que ocorre em tal cidade e é a distância dela da cidade excelente, embora, à primeira vista, em tal cidade julgue-se que esta seja a cidade dos prazeres.

Esse é o discurso sobre a mudança da cidade que busca honras para a de assembleia e sobre a medida do desvio que ocorre nela com relação à cidade excelente e à cidade que busca a honra. [§ XIV, 1] Devemos também falar sobre o homem que nela domina e como se transforma; digamos que o homem que domina em tal domínio também se transforma a partir do domínio de poucos homens, do modo como essa cidade foi transformada a partir daquela. Pois, em razão da ausência de correção no domínio de poucos homens e da multidão de ociosos que surgem nela, ocorre que nasça um filho de algum daqueles poucos senhores e ele não deixe de fazer seu filho pender para o seu regime; todavia, os outros o fazem pender para a liberdade simplesmente e visam a tal espécie desiderativa. Quando nele o tempo se prolongar, ele necessariamente muda, em todos os seus desejos, para a liberdade pura e simples, e não lhe bastam os desejos necessários, conforme seu pai o corrigia, mas é mudado para os desejos não necessários.

Ora, entendo por desejos necessários todos os desejos que se produzem em nós e de que nós precisamos para a vida, como o desejo de água e o desejo de comida, porquanto conservam a umidade de nossos corpos. De fato, quando são recebidos em nossos corpos, são postos no lugar do que foi retirado deles.

[§2] Esse jovem, portanto, quando teve tal orientação, será todos os dias servo de seus desejos, com os quais fantasia: às vezes, bebe tanto vinho que fica bêbado; às vezes, bebe tanta água que sua compleição arrefece; às vezes, se cansa demais; às vezes, se guia como filósofo; às vezes, fica ocioso em relação a toda ação. [§3] De modo geral, seu regime não é ordenado nem determinado, mas é chamado prazeroso e livre, embora, na verdade dos fatos, esteja mais afastado das coisas pertinentes ao regime humano. Pois um homem, na medida em que tem, numericamente, um único fim, sua ação deve necessariamente ser conforme a algum regime. Como esse jovem se apresenta com tal disposição, é necessariamente semelhante à cidade de assembleia, e a comparação entre ele e os outros homens que enumeramos é semelhante à comparação entre as cidades.

[§XV, 1] Devemos agora investigar em que cidade se transforma aquela cidade, isto é, a de assembleia, e qual é a virtude dela, e também em que homem esse homem se transforma e quais são o seu grau, a sua medida e a sua felicidade.

[§2] Digamos: [Platão] diz que as cidades de assembleia se transformam, na maioria das vezes, em despotismo e em cidades despóticas. Pois a disposição da mudança da cidade de assembleia em cidade despótica ou tirânica é como a disposição na transformação do domínio de poucos homens para o domínio de assembleia; e nisso a causa é única conforme o gênero. De fato, como não há causa na transformação do domínio de poucos homens para o domínio de assembleia, senão porque procuravam ao máximo o fim que buscavam – a aquisição de dinheiro –, foi essa, pois, a causa de que, naquela cidade, tenham surgido muitos homens semelhantes aos cidadãos da cidade de assembleia, e são aqueles que assimilamos às vespas encontradas nos favos das abelhas. [§3] Também a causa da transformação do domínio de assembleia para o domínio despótico ocorre em função do extremo da liberdade que é buscada e sua multiplicação ao infinito. De fato, quando alguém busca muito um extremo que excede a medida, este então se converte no outro extremo, e isso é encontrado não somente nas coisas voluntárias, mas também nas coisas naturais.

[§4] Buscar, pois, muitíssimo a liberdade é causa de que se produzam nela vespas semelhantes às que são geradas no domínio de poucos homens, exceto que aqui há mais e maiores. Pois os senhores naquela cidade, a saber, a cidade de poucos homens, não louvam estes que surgem entre eles, isto é, os ociosos cheios de volúpia, mas os destroem e lutam contra eles. Por isso, a sua transformação é para algo intermediário entre a cidade das riquezas e a cidade despótica, e é a cidade de assembleia. Com efeito, tais homens que surgem entre eles são honrados e louváveis, os quais passam a ser os seus senhores e os dominam. Pois é do costume desse domínio, quando nele a liberdade é excessiva, que estejam ocupados em suas casas e habitações, e em todos os gêneros presentes nela (i.e., na cidade), de modo que não sejam iguais os pais e os filhos, os senhores e os súditos, as mulheres e os homens, e destroem a lei para que não haja sobre eles, de modo algum, um domínio. [§5] De modo geral, só se escolhe entre eles a liberdade pura e simples, e que o homem possa fazer o que quiser, como quiser e quanto quiser.

Então, necessariamente aumenta a geração daquele gênero mau de vespas, como aumenta nos enfermos a geração de humores, a saber, da fleuma, da cólera e da melancolia, de modo que essa cidade, em relação a tal gênero nela produzido, passa necessariamente para o despotismo.

[§6] Por isso, mais que o médico que cuida da geração de humores no corpo, os governantes dessa cidade devem se acautelar contra o surgimento de tal gênero nas cidades; quando percebem que surge alguém assim na cidade, [devem] erradicá-lo de todo e expulsá-lo do governo, assim como faz o médico com os humores mencionados. [§7] Aos governantes, porém, é mais conveniente que não surja nesta cidade tal gênero de homens, a saber, o gênero dos que querem poder fazer o que quer que lhes apeteça. Mas porque acontece que surgem em tal cidade, como diz Platão, três gêneros de homens por cuja geração a cidade é levada sobremaneira à mudança para o despotismo, [§8] o primeiro gênero é o gênero de vespas que já esclarecemos, a saber, dos que são desenfreados em todos os seus desejos, e esse gênero, como dissemos, é o dos senhores dignos de honra e louvor dessa cidade. [§9] Eis que surge um outro gênero nessa cidade, nela vergonhoso, que é o que ama apenas o dinheiro; esse gênero surge em tal cidade, e, em relação a essas vespas, é como que o mel que é comido rapidamente. [§10] O terceiro gênero, no entanto, é o dos homens que se abstêm de suas obras ou que não têm atividades, mas não são ricos. Mas a espécie dos ricos nessa cidade [é aquela] contra a qual se unem estas duas espécies para usurpar-lhes o dinheiro e pilhá-los. A primeira espécie deles faz isso por causa do desejo e da vontade desenfreada. A segunda faz isso para que lhes seja disponível o dinheiro pelo qual possam tornar-se dignos, e essa dignidade se dá conforme a medida segundo a qual é possível haver esse domínio de assembleia nessa cidade, quando usurpam o dinheiro [dos ricos] e o dividem entre todos. [§11] Diz: os ricos são necessariamente usurpados por estes, e aqui surgem litígios, injustiças e pilhagens. É próprio do costume do vulgo estabelecer alguém que seja maior naquele gênero, a saber, o dos homens desenfreados em seus desejos, a quem [o vulgo] atribui recursos e o engrandece, e tal homem não desiste de buscar a paulatina transformação da mínima liberdade, de modo que submete a maior parte dos cidadãos; [esses tipos de homens] se tornam pura e simplesmente tiranos.

[§12] Com efeito, o princípio da transformação desse domínio para o domínio despótico, a partir do domínio de assembleia, é que, nesse domínio, ele (i.e., o tirano) começa a praticar ações despóticas, de modo que posteriormente seja totalmente despótico ou tirano. De fato, quando, no princípio disso, ele (i.e., o tirano) encontra o povo obediente, de modo que prejudique a quem quiser prejudicar, acuse a quem quiser acusar e destrua a quem quiser destruir, ele não deixa de progredir no despotismo, conforme uma outra espécie. Isso, como dissemos, para que sejam extirpadas as espécies encontradas nessa cidade, sobretudo a espécie dos ricos, que são os mais odiados em tal governo.

Não deixa de sempre fazer isso, de modo que se torna inimigo da maior parte dos cidadãos, e os odeia. Então, ou se fazem coligações contra ele e o matam, ou ele os domina pela força, vence todos e se torna totalmente tirano.

[§13] Podes esclarecer isso a propósito desse domínio de assembleia que se encontra em nossos tempos. Com efeito, transforma-se muito em despotismo. Exemplo disso é o domínio encontrado em nossa terra, isto é, Córdova, durante quinhentos anos. De fato, ela foi como que totalmente de assembleia e, depois dos anos 540 da Hégira (1145/46 d.C.), começou a ser despótica[37].

[§XVI, 1] Ora, de que modo [o despotismo] aumenta nessas ações e a que chega, por fim, o seu regime, e a medida do estrago que acontece à cidade e os males que lhe ocorrem, isso ficará manifesto pela exposição e pela indução.

Platão diz que a disposição desse homem é coagir todos os homens e, sobretudo, fazer que se submetam às leis para que se pense que ele não é um tirano, que busca apenas o bem e a retidão dos cidadãos, que divide o dinheiro e os bens entre eles e que não busca senão a conservação da cidade e a sua correção. [§2] Ora, quando estabelece a paz com os inimigos externos, com alguns por acordo, com outros pela força, volta para a sua cidade

37 Não está claro se a crítica é ao governo dos almôadas, os quais iniciaram, em 1145, a conquista da Península Ibérica, governada pelos almorávidas, ou a Abengaia, como está afirmado em §XVI, 2.

e sempre declara guerra contra eles (i.e., os cidadãos). De fato, ele tem o domínio sobre o dinheiro dos cidadãos e o toma para si. Com efeito, ele sabe que, quando os espolia do dinheiro deles, não podem fazer algo contra ele, aliás, estarão ocupados e reduzidos a buscar cotidianamente o necessário, como foi feito aos habitantes de nossa província pelo homem chamado Abengaia[38].

Se ele ainda julga que nessa cidade há muitos homens ricos que têm as maiores riquezas e poder aos quais teme, habilidosamente os leva à destruição conduzindo-os a seus inimigos. De modo semelhante, odeia os homens que estão com ele, têm posição e já estavam estabelecidos por ele, como os soldados e comandantes. Tendo praticado essas ações, é muito odiado pelos cidadãos. [§3] Por isso, necessariamente serve-se de fortificações, honrando os valentes e os poderosos, engrandecendo-os hábil e fingidamente, de modo que possa deles depurar a cidade. Essa depuração é oposta à realizada pelos médicos quando depuram os corpos e pelos sábios [quando depuram] as cidades excelentes. De fato, eles extirpam o mal e o jogam fora; ora, ele faz o oposto. Por isso, é necessário que o tirano se encontre em uma das duas situações: ou que não viva ou que habite com homens maus e pecadores, seus inimigos. Isso é o que acontece ao tirano e não há dúvida de que, quando ele pratica tais ações intensificando o ódio dos cidadãos por ele, é preciso que seus valentes sejam em maior número para que fique mais seguro e defendido e é preciso que ele fique sob guarda. [§4] Ora, disso ele pode dispor ao fazer vir homens maus de outras cidades, não da sua; dando-lhes prêmios, ele os faz vir de todo lugar,

38 Nome latinizado de Ibn Ġāniyya. Os Banū Ġāniyya representaram a maior oposição aos almôadas. Entre 1127 e 1147, as oligarquias andaluzas combateram-se e arruinaram a região com guerras, saques e impostos. Um dos chefes de clã, Sayf al--Dawla, chamado Safadola pelos cristãos, combateu os Banū Ġāniyya. Seu principal representante, Ibn Ġāniyya, teve de ausentar-se de Córdova em razão de uma rebelião a ser contida, e Safadola, chamado para substituí-lo no governo da cidade, apropriou-se do poder. Mas os cordoveses se rebelaram contra Safadola. Não se sabe ao certo se os Banū Rushd, no caso, o pai de Averróis, eram, ou não, partidários de Safadola, já que apoiavam os almôadas. Cf. Cruz Hernández, M. La Crítica de Averroes al Despotismo Oligárquico Andalusí. In: Martínez Lorca, A. (Org.). *Al Encuentro de Averroes*. Madrid: Editorial Trotta, 1993, p.115-116.

tornando-os seus amigos seguros e destruindo os antigos que o estabeleceram no domínio dessa associação. Isso é um exército. Quando o tirano nada mais tem para gastar, cogita se há na cidade riquezas em alguma das casas de Deus para tomá-las e, de modo semelhante, toma as riquezas da comunidade acumuladas pelos senhores. [§5] Por isso, essa operação é muito visada por ele, e parece que isso é o oposto do que era visado quando o domínio lhe foi consignado.

Eles apenas buscavam preservar-se dos ricos, dos dignitários e dos demais homens da cidade por meio de seu governo e poder, [para que pudessem viver sob] o regime de seus servidores. [§6] Por isso, os homens daquela comunidade se insinuam então para extirpá-lo de sua cidade; ele então concebe submetê-los e tomar-lhes as armas e os instrumentos com os quais podem agredi-lo, e a situação da cidade de assembleia, então, torna-se com ele como é dito pelo velho provérbio: "fugindo da fumaça caíram no fogo"[39]. De fato, eles fugiam de uma servidão quando lhe deram o governo e caíram numa servidão mais dura.

[§7] Essas operações dos tiranos não são manifestas apenas pelo discurso dos homens deste tempo, mas pela observação e pelo testemunho.

Já estão, portanto, explicados o modo de transformação da cidade de assembleia para a cidade despótica, a disposição dos cidadãos dessa cidade e a medida da doença delas (i.e., da cidade de assembleia e da cidade despótica).

[§XVII, 1] Logo, devemos investigar também acerca do homem dominante nessa cidade e como ocorre a transformação do

39 Apud trad. Elia del Medigo: "flammae accensae a primis in igne". Literalmente "as chamas acesas por primeiro no fogo". Trad. Mantino 369A: "qui fumum fugientes imprudenter se in flammas coniiciunt, ac minus periculum vitantes, in deterius atque crudelius malum incidunt". ("os que fugindo da fumaça imprudentemente se lançam nas chamas e, evitando um perigo menor, caem num mal pior e mais cruel.") Cf. *República* VIII, 569b-c: "Como se diz, o povo fugindo da fumaça de uma servidão a serviço de homens livres terminará no fogo do poder despótico dos escravos [...]". Na tradução italiana da *República*, há uma nota que informa que a passagem remete-se ao provérbio "da panela à brasa". Platone. *La Repubblica*. Traduzione e commento a cura di M. Vegetti. v. VI (Libri VIII-IX). Napoli: Bibliopolis, 2005, p. 83, nota 183.

homem que tem domínio [na cidade] de assembleia, e se o governo dele, na doença e na privação da felicidade, é semelhante ao governo da cidade em que está o tirano. Digamos que Platão – já que foi dele a definição deste como um homem cheio de desejos não necessários – começou primeiro a explicar quais são esses desejos; voltou-se em seguida para explicar o modo de transformação do homem tirânico a partir do homem dominante na cidade de assembleia e a medida de sua doença e as privações do nome "felicidade", e que nisso ele se assemelha àqueles a quem tiraniza.

[§ 2] Disse que os desejos que não são necessários são os postos em movimento e surgidos no sono, ou seja, os da parte animal, que dominam a parte racional quando esta dorme. De fato, a parte animal somente no sono se liberta do domínio da parte racional e de toda cogitação; na vigília, porém, há algo que a detém e que a ameaça para que não faça o que lhe apetece. Quando esta parte [racional] abandona as melhores leis, muito disso é destruído (i.e., o domínio da parte racional sobre a animal), e se disso resta algo, é muito fraco.

Quando um homem é desse modo, ele não tem no sono a disposição própria do outro (i.e., daquele cuja parte racional domina a animal), mas a sua parte racional é no sono como quando ele está em vigília[40], de modo que ele não pode dar um juízo reto próximo das leis. Por isso, assemelha-se a dois homens, o animal e o divino.

40 Apud trad. Elia del Medigo: "Sed pars rationalis huius est in somnio sicut illius quando vigilat". Trad. Rosenthal III.xvii.2: "The reasoning part of this man is in sleep exactly as in waking". Trad. Mantino 369D-E: "Parte igitur rationali labefactata, aut impedita, leges omnes ac institutiones rectae maxima ex parte depereunt [...] si homo diligentem rationis illius curam susceperit, nihil tale, quale nunc dicebamus patientur in somno". ("Portanto, a parte racional perturbada, ou impedida, todas as leis e instituições retas perecem na maior parte [...] se o homem empreendesse diligentemente o cuidado de sua razão, nada do que aqui dissemos sofreria no sono.") Corresponde a *República* IX, 571C: Sócrates menciona os desejos que despertam durante o sono toda vez que a parte racional da alma está adormecida; nesse estado, a alma está meio adormecida e meio desperta: livre do controle da sabedoria racional e do pudor, a parte "animal e selvagem" agita-se e procura satisfazer os desejos.

[§3] Quando ficou claro para ele os desejos que não são necessários, [Platão] voltou a investigar a partir do que se transforma este homem, a saber, o tirano. E disse: já falamos sobre o homem de assembleia do qual tratamos anteriormente; ele é um jovem educado na disposição e no modo segundo o qual se escolhe, dentre os desejos não necessários, apenas a acumulação de dinheiro; esse jovem foi educado entre homens cheios de desejos não necessários, mas a sua natureza é melhor que a natureza deles; o seu pai o arrasta para o seu regime, e eles, para o oposto. Ele então volta como que para o meio entre essas duas espécies [de regime] e, de acordo com o seu julgamento, toma de cada uma delas partes iguais; então, o seu regime não é o regime de quem é livre, tampouco o regime de quem é obediente às leis, e ele muda da disposição do domínio de poucos homens e se torna conforme à disposição do homem de assembleia.

[§4] Diz: e já que é assim como dissemos, suponha-se que tal homem, quando for velho, tenha educado o filho conforme os seus costumes, e suponha-se também que as coisas que aconteceram a seu pai aconteceram a ele - isto é, por meio de homens cujo costume é afastá-lo da proximidade da lei - e que o conduziram para a liberdade pura e simples; [suponha-se ainda] que seu pai já se inquietasse de algum modo com a produção desses desejos, e, de modo semelhante, os seus servos[41] e consanguíneos – tendo o oposto acontecido a seu pai.

[§5] Logo, ele sem dúvida mudará, mais intensamente que seu pai, para o extremo nesses desejos. De fato, ele não tem alguém do outro extremo que o impeça, como que não tem homens que vigiem a sua oposição, mas encontra homens que consentem com ele em tudo o que quer e lhe dão a força para que possa fazer tudo e dominá-los, e o dispõem para que seja como que a vespa de todas as vespas que estão no favo.

41 Apud trad. Elia del Medigo: "et similiter homines et consanguinei eius". Seguimos a tradução inglesa que verte para "servants".

[§6] De fato, quando ele chega aos desejos não necessários, como a embriaguez, os incensos[42], os óleos perfumados e, de modo geral, a todos os prazeres em reuniões, afastam-se dele a uma distância máxima e o abandonam, e então aparecem aquelas vespas e o cerceiam, de modo que o intelecto dele se aliena e o seu furor se intensifica, e então os demônios tomam conta dele e se intensifica a sua alienação e, se nele restou alguma vida, é lançado para fora de si mesmo por aquilo que lhe aconteceu por meio dos desejos.

[§7] Como é essa a disposição do tirano, a saber, daquele que não atenta nem muito nem pouco para a sua parte mais nobre, isto é, o intelecto, tal disposição será como a do alienado e melancólico; ele é como um embriagado, e seu intelecto se assemelha ao intelecto daquele, por isso o seu juízo é em tudo igual ao dele (i.e., ao do alienado e melancólico), e a sua disposição é como a dos homens confusos e embriagados; por isso, os semelhantes a esses tolos não querem dominar somente os homens, mas, se lhes fosse possível, também os anjos.

Essa é a característica própria do homem tirano e do modo da sua transformação a partir do homem que é senhor no governo de assembleia, mas foi disposto com tal disposição quando lhe aconteceram todas essas coisas por natureza e por costume[43].

[§8] Quando completou isso, [Platão] começou a investigar sobre a vida desse homem e o domínio dele. Disse que esse homem tem prazeres e reuniões baseadas em prazeres nos lugares onde há praças, banhos, jogos e risos, e, de modo geral, em tudo o que leva aos desejos que nele dominam, e estes governam as partes da sua alma como o navegante governa a nau.

[§9] Como tal é a disposição desse homem, ele nunca deixa de mover-se para esses desejos, e surgem outros desejos como raminhos que brotam da árvore, e ele terá necessidade de

42 Apud trad. Elia del Medigo: *fumigationes*.

43 Apud trad. Elia del Medigo: "quando accidunt ei a natura et a consuetudine istarum rerum omnium".

grandes gastos, e, se tem dinheiro, consome-o imediatamente e terá necessidade de [mais] gastos.

Depois, é preciso que recorra a empréstimos e que receba ajuda de outros; entretanto, com isso, o seu desejo como que o obriga mais do que o que está em seu poder, sobretudo o desejo de amor e os apetites que regem os seus demais desejos. [§10] De modo geral, não desiste de seus desejos, como diz Platão a respeito daquele que se apraz com a criação de pombas[44], e, por essa razão, é impossível que não lhe aconteça uma das duas [alternativas]: ou ele toma para si tudo que quer de qualquer lugar ou padece dores como o enfermo ou a mulher quando menstrua. Ele, se ao seu pai ou à sua mãe restou algo que não lhe tenha sido dado, busca isso deles ou por adulação ou por furto ou por força. Se ainda não lhe quiserem dar, tenta tiranizá-los e matá-los, como vemos acontecer a muitos homens nessas cidades.

[§11] Essa é a disposição de alguém cujo filho nasceu tirano. Depois que tiranizou seu pai e não pode fazer o que deseja, ele rouba e espolia as casas de reuniões[45], os templos e os viajantes[46], e, de modo geral, esses desejos não deixam de sempre aumentar nele, e se fortalece o domínio do desejo e do amor, de modo que ele se entristece quando lhe falta o que lhe foi ensinado desde a infância, quando seu pai o educava; ele é um dentre os cidadãos [do governo] de assembleia, de que ele (i.e., o pai) foi [participante]; de modo que a vigília dele é, como diz Platão, semelhante a seu sono. De fato, ele não se nega nada nem teme nada.

44 Os editores escolheram uma explicação ortográfica e acrescentaram ao texto: "aliter: de illo qui delectatur ut magnificetur a Graecis" ("de outra forma: daquele que se deleita para que seja engrandecido pelos gregos"); informam que "em hebraico, os termos que significam 'grego' e 'pomba' são escritos da mesma forma", p. 111, nota 10. Nada há na *República* sobre criação de pombos. A passagem parece ser uma referência a *Alcibíades* I, 120 a-b, em que Sócrates adverte Alcibíades sobre a ação de Mídias – "aquele que alimenta as codornas" – na política ateniense. Assistir a brigas de codornas era um passatempo muito apreciado entre os atenienses, algo equivalente às brigas de galo. Assim como nas brigas de codornas, provocadas pelas pedras jogadas sobre elas pelos espectadores, Mídias provocava os atenienses para que brigassem entre si.

45 Apud trad. Elia del Medigo: *ecclesias*.

46 Apud trad. Elia del Medigo: "homines in itinere".

Quando se multiplicam tais vespas na cidade de assembleia, eles tomam o mais forte deles e o mais tirano, também com a aprovação da tola assembleia, e lhe entregam o domínio e são por ele tiranizados. Tal como ele antes destruía o pai, também destrói as cidades do pai e do avô. Se na cidade essas vespas são poucas, e se há nela virtuosos que os repreendem, eles (i.e., os que se parecem com vespas) comandam os mais fortes deles, saem da cidade, escondem-se nas estradas e roubam as almas dos homens e o seu dinheiro.

[§12] Diz: a respeito do costume da força do tirano, o que se diz é que ele, na verdade, não tem um amigo entre os cidadãos nem entre eles próprios (i.e., os outros tiranos). Como isso tudo é como dissemos, o governo do tirano é muito injusto e de extrema injustiça porque está em contrariedade extrema com o que antes foi definido ao se falar a respeito da melhor cidade, e ele é de maldade extrema, assim como o rei é de nobreza e bondade extremas. [§13] E porque tal é a relação de cidade para cidade, como é a relação de homem para homem, logo ninguém é mais feliz que o rei virtuoso nem mais infeliz que o tirano, e há essa comparação entre qualquer um desses, isto é, que a relação de cidade para cidade e de homem para homem é uma só relação. Mas isso é mais manifesto na cidade. Quando, portanto, supomos que a relação de cidade para cidade é como a relação de homem para homem, ficará clara essa comparação entre ambos, a saber, entre esses homens. [§ XVIII, 1] Por isso, devemos observar os acontecimentos e as características que ocorrem nessa cidade e por meio delas fazer um julgamento sobre o tirano. É manifesto que ela está no extremo da servidão e muito distante da liberdade. Como isso é assim, deve ser assim a disposição na alma do tirano, a saber, ela está repleta de servidão e privada de liberdade. De fato, a parte [da alma] mais vil a domina, e as partes nobres lhe são submissas. Com efeito, quando a cidade é submissa ou não faz o que quer, ou o que faz a respeito disso é pouco, eles, por isso, ficam repletos de tristeza e ansiedade e, além disso, repletos de tirania. A respeito da disposição deles, é evidente também que são pobres, não ricos. Assim é sobre a alma do tirano: ela, pois, é pobre e não saciada.

[§2] Diz: como essa cidade está no auge do temor, assim [é com] o tirano. E como não há nenhuma cidade em que há tanto luto e choro como nessa, assim é a alma do tirano, que está repleta de apetites firmes e desejos infinitos.

Isso é o que disse Platão sobre a comparação entre essas cidades e entre esses homens. Mas, porque ele viu que essa comparação que expusemos entre a cidade excelente e a tirânica é mais conhecida que [a comparação] que há entre os dois [tipos de] homens que as dominam, ele quis esclarecer a disposição do tirano por meio de um exemplo. [§3] E isso tudo em razão da fama do domínio dos tirânicos em seu tempo e dos que fazem versos e dos poetas que os louvam e dizem deles que neles consiste o domínio pura e simplesmente. Nessas cidades[47], já vi muitos poetas escolherem esse domínio: julgam ser isso o fim último e [julgam] que na alma do tirano há virtude e nobreza.

[§4] [Platão] voltou atrás para dizer que é manifesto que a relação do tirano com respeito àqueles que domina é a relação do senhor com respeito ao servo. Logo, quando propusemos que haja algum homem rico que [possui muitos escravos e][48] não faz [o bem] a eles de algum modo, é porque os cidadãos que estão naquela terra onde ele nasceu são em número duplo ou triplo em relação aos servos; ele não os teme. Mas, se tal homem fosse ele mesmo posto, assim como os filhos, as esposas e as riquezas dele, em outra província onde ninguém estivesse com ele, a não ser os servos, e ele estivesse de tal modo que não pudesse ter alguém a seu favor, a não ser um servo, então necessariamente temeria os servos e muito se entristeceria a respeito dos filhos, das mulheres, das riquezas e da alma dele. Ele é necessariamente levado a alguma destas [opções]: ou ele ajuda seus servos ou a alguns deles atribui coisas que não

47 Averróis se refere às cidades de seu tempo.

48 Completamos o argumento conforme a tradução de Lerner 101:21-22, pois há uma lacuna no manuscrito de Elia del Medigo.

fizeram, enumera-as conforme lhe apraz e os fere sem razão. [§5] Então, ou lhe acontece um muito grande prejuízo ou ele blasfema. E se com isso Deus dispôs os homens em volta dele de modo que lhes pareça que um deles não deve dominar os demais, será que o coração desse homem não enfraquece e ele, com relação a eles, não estaria como se estivesse na prisão? [§6] Quando a disposição disso for desse modo, ela será necessariamente a disposição do tirano, e ele é como um encarcerado cheio de medo, ele próprio é como se estivesse decididamente faminto e não reinasse sobre si mesmo, por isso não poderia andar para qualquer lugar que quisesse nem contemplar o que quisesse, mas viveria apenas uma vida de mulher; e a pior disposição desse homem, a de que ele não pode conter-se e busca dirigir os outros, é como se alguém estivesse doente conforme todas as disposições e quisesse curar outros por meio do que lhe parecesse bom. [§7] E, por isso tudo, o tirano é mais servo que todos, nada mais havendo no caminho para ele atingir o fim desejado, e sempre está em contínua tristeza e langor.

Ora, a alma desse modo é uma alma pobre e, por isso, é injusta e invejosa, não tendo nenhum amigo. De fato, esses costumes, se estão dentro dele antes que ele seja senhor, forçosamente devem estar dentro dele depois que se tornou senhor. E não se duvida que tal homem seja afortunado. De fato, àquele que procede conforme a sorte, muitas vezes lhe acontecem males. E isso tudo é manifesto a respeito disso, como dissemos muitas vezes, não somente por meio de palavras, mas também por meio do sentido.

[§8] Portanto, já está manifesto por este resumo desse discurso a ordem dessas cidades e sua felicidade e seu infortúnio, e a ordem dos senhores nelas, e que o mais feliz deles é o rei e o mais infeliz deles é o tirano. Isso é o que parece a Platão sobre a transformação dessas cidades e os homens existentes nelas, uns em outros.

[§ XIX, 1] Mas aqui alguém pode contestar Platão dizendo que aquilo que ele julgou, isto é, que a disposição entre essas cidades assemelha-se a dois contrários dos quais um é a cidade excelente e o outro, a tirânica; ora, essas cidades que estão entre elas são como que pontos médios entre contrários; não é, [portanto,] necessário o discurso. De fato, não é necessário que as cidades se transformem segundo uma ordem, mas isso é encontrado nas coisas naturais, já que a natureza é aquela cujo hábito é produzir contrários de modo mediato. Ora, essas disposições são voluntárias pura e simplesmente, e todas essas naturezas são encontradas em todas essas cidades, a saber, as naturezas que explicamos. Portanto, é possível que qualquer cidade se transforme em outra. [§2] Digamos que isso o que disse Platão não é, sem dúvida, necessário, mas é o que [acontece] na maioria das vezes, e a causa disso é que o governo estabelecido tem início na aquisição dos costumes daquele que nasce nele, ainda que [esses costumes] sejam opostos às naturezas dos que são preparados para aqueles costumes. De acordo com isso, é possível que a maior parte dos homens seja virtuosa conforme as virtudes humanas; isso é, porém, raramente contestado.

[§3] De fato, isso foi explicado na primeira parte desta ciência (i.e., a ética). No mesmo lugar foi, de fato, dito que o caminho da realização das virtudes humanas é o hábito, como o caminho das ciências especulativas é a instrução ou o aprendizado. E já que é assim, a transformação dos homens, portanto, de um costume em outro segue a transformação das leis e se ordena conforme a ordem delas.

[§4] E que as leis, sobretudo na cidade excelente, não sejam suprimidas de imediato, em razão dos hábitos virtuosos e dos costumes em que foram acostumados os cidadãos e nelas foram educados; que sejam mudadas paulatinamente para o mais próximo [delas]; por isso, a mudança de hábitos e disposições é necessariamente de tal forma para que sejam suprimidos [os maus hábitos e disposições] conforme essa ordem; por esse motivo, quando as leis estão de todo corrompidas, os costumes também se encontram corrompidos no máximo da corrupção.

[§5] E podes esclarecer isso a partir dos hábitos e costumes que, entre nós, foram inovados nos domínios depois de quarenta anos[49]. Porque foi desagregado o governo dos que buscam honrarias no qual cresceram, eles se voltaram para as coisas torpes em meio das quais estão hoje. Dentre eles, porém, permaneceram nas virtudes e nos bons costumes os que eram virtuosos segundo a Lei dada ao profeta, e, destes, poucos são encontrados.

[§ XX, 1] Quando completou isto, Platão quis também comparar entre si os prazeres que acontecem a cada um deles; com efeito, isso compete à perfeição da comparação entre eles. Nisto se completará o seu discurso sobre as partes necessárias dessa arte; e isto é o que tínhamos intenção de explicar.

[§ 2] Começou e disse que, visto que as virtudes da alma estão compreendidas em três gêneros, de modo semelhante também [estão] as espécies de cidades. A primeira espécie é amante da ciência; a segunda é amante do prestígio – e esta, se igualitariamente, é a honrável, se ao extremo, é a despótica[50]; a terceira, a desejante, é amante da utilidade.

Assim, as espécies de prazer são três: a cada um deles corresponde necessariamente uma, pois é manifesto sobre os prazeres que são como que uma sombra que acompanha. [§ 3] Platão começou e fez um discurso provável[51] em sua explicação, isto é, quais desses prazeres é mais digno de escolha ou mais nobre. Com efeito, ele assim diz: cada um que se deleita conforme esses prazeres escolhe o prazer que acompanha seu regime. Depois, [Platão] supõe um famoso tópico dentre os tópicos mencionados no Livro II dos *Tópicos*. [§ 4] Disse que quem escolhe o científico e o instruído é mais nobre e mais forte. Confirmou esse tópico dizendo que o sapiente é o que tem dois instrumentos mediante os quais as coisas são ordenadas, e estes são a experiência e a razão.

49 Averróis se refere aos almorávidas: o declínio do cumprimento das leis e da moral transformou, em apenas três gerações de governantes, o governo dos almorávidas, fundado na Lei, em timocracia, depois em oligarquia e, por fim, em hedonismo.

50 Apud trad. Elia del Medigo: "secundam amans dignitatem, et hoc vel aequaliter, et est honorativa, vel secundum extremitatem, et est victoriosa".

51 Sobre o discurso provável e sua correspondência com a dialética, ver a nota 3 no Livro I.

Ora, a quem cabe ordenar ou conhecer esses três prazeres é somente aquele que sabe por experiência e discurso; pela experiência, pois já conheceu esses prazeres desde a infância; ora, os outros, de certo modo, não conhecem os prazeres da ciência. O sapiente, porém, é aquele para quem é possível proceder conforme a razão e o discurso, o que é por si manifesto.

[§5] De fato, vemos gente do vulgo que se recorda dos prazeres quando têm os opostos destes. Com efeito, quando estão doentes, dizem que a saúde é o que há de mais deleitável entre todas as coisas. Ora, não é preciso que o contrário preceda às coisas deleitáveis naquilo em que são deleitáveis, como, por exemplo, a visão ou a vista e outras, mas o mais nobre dos prazeres é o que se dá sem tal disposição, e, por isso, eles (i.e., os prazeres nobres) têm um ser mais perfeito.

[§6] Platão se estendeu nesta noção, a saber, na ignorância de quem não acredita que os sábios possam julgar a respeito dos prazeres e [na ignorância] de quem acredita que os sábios e o vulgo possam igualmente julgar a este respeito, isto é, a respeito dos prazeres. Tudo isso não chega a ponto de ser um discurso demonstrativo; portanto, deixemos isso e tomemos o discurso que depois ele pronuncia sobre [o assunto], porque parece ser demonstrativo. [§7] Com efeito, ele faz uso de outro discurso: como a fome e a sede são o esvaziamento do corpo e o vácuo que lhe ocorre, assim também a ignorância e a privação do saber são o esvaziamento da alma e o seu vácuo. Sendo assim, esses dois homens são saciados, isto é, recebem alimento e recebem conhecimento. Ora, a saciedade mais verdadeira é pela coisa cujo ser também é mais nobre e este é o que tem maior entidade e maior verdade. Pois as coisas ultrapassam a si próprias nessa disposição de acordo com a proximidade e o afastamento delas das coisas eternas, que são verdadeiramente entes e subsistem perpetuamente.

[§8] E já que isso é assim, a coisa de que a alma é saciada tem mais verdade ou entidade que a coisa de que o corpo é saciado, porque a alma está mais próxima da substância daqueles [entes eternos], mais que o corpo, sobretudo se for algo conhecido delas (i.e., das substâncias eternas) ou algum conhecimento delas, conhecimento eterno.

Como o saciamento foi prazeroso de modo geral, aquilo que se conhece que em si é mais prazeroso, mais verdadeiro e mais permanente, é necessariamente mais prazeroso.

[§ 9] Assim é a disposição dos prazeres do intelecto para com os demais prazeres. De fato, estes prazeres [do corpo] são fáceis de desaparecer, pois a contrariedade se mistura a eles. O prazer do intelecto, porém, não tem contrariedade, pois é eterno; e se desaparecer, não é por causa da contrariedade, mas de um acidente acrescentado. Esta razão – pela nossa vida! – é uma razão demonstrativa.

[§ 10] Diz também que a maior parte dos prazeres torna-se melhor quando o intelecto os produz. Mas é melhor o que é causa de uma coisa que fique de acordo com uma disposição melhor. E como isso é assim, é juiz aquele que conhece todos os prazeres do melhor modo, e isto – por minha vida! – é verdade. Mas o argumento[52] em que diz que é melhor o que é causa de uma coisa que seja conforme a melhor disposição é um argumento provável (i.e., dialético). Se assim for, não demonstra por meio disso. [§ 11] Como ignorou os procedimentos lógicos, Galeno pensou que todos esses argumentos são demonstrativos. Mas o argumento demonstrativo, no que se refere à comparação entre esses prazeres, é apenas o argumento que precede a este argumento.

[§ XXI, 1] Isso é o que incluem os argumentos científicos necessários nessa parte da ciência, a qual inclui esses argumentos atribuídos a Platão. Deus perpetue as honras e prolongue vossa vida. Já os explicamos do melhor modo que nos foi possível em virtude dos desalentos dos tempos e da brevidade do tempo.

Ora, isso nos foi dado por causa do auxílio que tivemos de vós para entender isso e por causa de vosso relacionamento e

52 Apud trad. Elia del Medigo: *sermo*.

ajuda para com tudo o que desejamos dessas ciências, com o melhor modo de ajuda e de todo modo que pode ser feito. Vós não sois apenas a causa da dispensação desse bem e de sua aquisição, mas de tudo que adquirimos dos bens humanos. Tudo foi, com efeito, por causa de vós[53].

[§2] No entanto, o que está incluído no [livro] décimo de acordo com o costume deste, não é necessário nessa ciência. Pois, no princípio dele, [Platão] explicou que a arte poética não é o fim, nem o saber que provém dela é o verdadeiro saber; isso já foi explicado perfeitamente em outro lugar.

[§3] Depois apresentou um discurso retórico ou provável (i.e., dialético), pelo qual quer provar que a alma é imortal. Em seguida, apresentou algumas narrativas em que fala a respeito do modo da glória e do prazer para o qual são conduzidas as almas dos bem-aventurados e a que chegam as almas dos desventurados. Já explicamos mais de uma vez que essas narrativas não são [pertinentes a essa ciência]. Com efeito, as virtudes que se originam por causa dessas [narrativas] não são verdadeiramente virtudes. Mas, se fossem chamadas virtudes, seriam virtudes equivocamente. Além disso, esses apólogos estão distantes. Já precedeu um discurso sobre os apólogos e sobre os modos de metáfora que nos conduzem a dizer tais falsidades. Isso não é necessário para que o homem se torne virtuoso; tampouco ajuda para que o homem se torne mais resoluta e facilmente virtuoso.

[§4] Mas vemos aqui que muitos homens que observam suas leis e os preceitos dos profetas não têm tais narrativas, e, com isso, são virtuosos. De modo geral, a respeito de tais narrativas, os antigos discordam e Platão ficou confuso; de acordo com o que é manifesto em seu discurso no início deste livro, ele os despreza. Ora, quanto ao primeiro livro, ele contém apenas

53 Segundo Rosenthal, a dedicatória de Averróis dirigia-se ao soberano Abū Yaᶜqūb Yūsuf, morto em 1184. Cruz Hernández, porém, observa que alusões a fatos históricos indicam que Averróis teria dedicado o tratado ao filho e sucessor desse soberano, Abū Yūsuf Yaᶜqūb al-Manṣur, sob cuja proteção viveu. Cruz Hernández, in trad. Cruz Hernández, p. 148, nota 72.

discursos prováveis (i.e., dialéticos) e não há nele senão uma demonstração por acidente, e, igualmente, quanto ao início do segundo. Por isso, não expliquei nada a respeito disso.

Deus te ajude e afaste de ti os obstáculos e os males, de acordo com Sua vontade.

* * *

Este é o parecer da [ciência] política de Platão conforme a interpretação (*intentionem*) de Averróis, o Comentador, traduzida por Elia, judeu cretense, mas aqui escrita para o reverendo padre e senhor, em Cristo, Pedro de Nigrono, abade de São Gregório da cidade [de Roma], por mim, Raimundo de Saleta, pontificando Inocêncio VIII, no ano sétimo de seu pontificado, 1491, 26 de abril. Deus seja louvado.

FORTUNA DA OBRA DE AVERRÓIS NO OCIDENTE LATINO

Rosalie Helena de Souza Pereira

O célebre conto de Jorge Luis Borges, *A Busca de Averróis*, ilustra poeticamente a fortuna na História da filosofia daquele que foi chamado de *O Comentador* em razão de seus numerosos comentários à obra de Aristóteles. Depois de tirar o turbante e olhar-se num espelho de metal, Averróis desaparece bruscamente "como que fulminado por um fogo sem luz", e, com ele, desaparecem sua casa junto à fonte, os roseirais vizinhos, seus livros e manuscritos e, até mesmo, o rio Guadalquivir. Não só Averróis deixa de existir, mas também toda a sua gigantesca obra se eclipsa. Borges relembra o lugar-comum que representa Averróis como o ápice da filosofia árabe-islâmica e, simultaneamente, o seu fim.

No filme *O Destino*, consagrado a Ibn Rušd, o cineasta egípcio Yussef Chahine retrata a sorte da obra do filósofo numa belíssima sequência. O jovem discípulo Yussef tenta salvar os manuscritos do mestre de um anunciado auto de fé e empreende uma longa viagem seguindo os rios desde Al-Andalus até as regiões da cristandade. Mas eis que sua bagagem cai na torrente de um rio. Desolado, Yussef contempla a ação das águas sobre um único manuscrito que consegue salvar e constata que não sobrara sequer um traço de escrita nas páginas borradas. Assim como este, tantos outros manuscritos da obra de Averróis tiveram sorte semelhante. Destruídos pelo fogo e esquecidos pelo Islã, quase todos os originais árabes estão irremediavelmente perdidos. A História encarregou-se de preservar o conjunto de seus escritos nas traduções latinas e hebraicas. Como na cena do filme de Chahine, as manchas substituem a escrita. Desapareceu Ibn Rušd, mas resta Averróis.

A transmissão das obras desse ilustre filósofo é permeada de paradoxos. Não deixa de suscitar certa perplexidade o fato de que sua autoridade tão alta, tanto entre muçulmanos quanto entre cristãos, tenha sido bruscamente esquecida. Na filosofia árabe-islâmica, Averróis não deixou discípulos. Entre os cristãos, seus comentários, traduzidos para o latim desde os primórdios do século XIII, foram leitura obrigatória nas universidades de Paris, Bolonha e Pádua, e, em plena efervescência cultural do *Cinquecento*, passaram a acompanhar as edições do *Aristóteles Latino*. Durante quatro séculos, Averróis representou, junto com Aristóteles, a racionalidade no Ocidente cristão. Mas, a partir do século XVII, sua obra foi isolada do circuito filosófico europeu; ela ressurge no século XIX, cercada, porém, de um certo desprezo, quando o erudito francês Ernest Renan publica *Averroès et l'Averroïsme*, fruto de uma tese defendida em 1852, em que conclui que "não temos nada ou quase nada a aprender nem de Averróis nem dos árabes, tampouco da Idade Média"[1]!

No século XX, contudo, novos estudos passam a evidenciar a importância e o valor da obra de Averróis para a História da Filosofia. Como observa o medievalista Alain de Libera, a versão latina da filosofia de Averróis "é a peça central do dispositivo intelectual que permitiu ao pensamento europeu construir sua identidade filosófica"[2].

1 Renan, E. *Averroès et l'Averroïsme*. (1852¹). Préface de A. de Libera. Paris: Maisonneuve & Larose, 2002, p. 7.

2 De Libera, in: ibid., p. 11-12.

Por meio dessa filosofia, propagou-se entre os europeus cristãos a corrente conhecida como "averroísmo". Já no século XIII, o averroísmo dominava em Paris com Siger de Brabant (m. 1284), mas, sob instigação do papa João XXI, foi condenado em março de 1277 pelo bispo de Paris, Étienne Tempier, que, para censurar 219 teses filosóficas, alegou que elas continham duas verdades contrárias, uma que procede da fé religiosa, outra, da razão natural. Dessa condenação resultou a lenda da "dupla verdade", atribuída à filosofia de Averróis. Com um jogo de palavras, o filósofo e teólogo maiorquino Raimundo Lúlio (1232-1316) completou o retrato da "dupla verdade" quando resumiu a filosofia dos seguidores latinos de Averróis na fórmula "creio que a fé seja verdadeira e sei que ela não é verdadeira". Nada mais contrário ao pensamento original de Averróis, pois seus escritos afirmam reiteradas vezes que a verdade é uma só, embora o acesso a ela possa ser feito pela via filosófica e pela via literalista da religião: "Visto que a Lei revelada é a verdade e exorta à reflexão que conduz ao conhecimento da verdade, nós, a comunidade dos muçulmanos, temos a certeza de que a reflexão demonstrativa não pode acarretar contradições com os ensinamentos do Texto revelado, pois a verdade não contraria a verdade, mas com ela concorda e testemunha a seu favor" (*Tratado Decisivo*, § 18).

Causa admiração a persistência desse médico e jurista árabe do século XII, que, sem conhecer nem o grego nem o siríaco – idioma que serviu à transmissão dos textos gregos para os árabes –, debruçou-se sobre o ensinamento de um filósofo da Grécia pagã, cuja distância de catorze séculos fora mediada pelas pregações de Cristo e de Muḥammad, com o firme propósito de restituir-lhe a verdadeira doutrina. Surpreende ainda o fato de que, no século XIII, tenha tido tão amplo sucesso nos ambientes cristão e judaico, embora sua obra tenha sido caracterizada por um profundo laicismo. Todavia, ao mesmo tempo que, entre cristãos, ser averroísta significava estar na oposição, tornara-se impossível defender a filosofia de Averróis na esfera islâmica, sob a pressão da ortodoxia religiosa e da heterodoxia mística, e penoso na hebraica, que, a partir do século XIV, não só viu o renascimento da tradição talmúdica como ainda o surgimento das correntes cabalísticas[3].

Enquanto Avicena foi incondicionalmente reverenciado nos meios acadêmicos europeus até o século XVII, Averróis, ou melhor, o averroísmo oscilou pendularmente entre os que o defendiam e os que lhe faziam oposição. Por estes últimos, Averróis chegou a ser caluniado e tachado de "maldito", a ponto de ser chamado de "cão raivoso ladrando contra a fé católica" (*Epistola ultima sine titulo*) pelo poeta e humanista Francesco Petrarca (1304-1374). A opinião de Pietro Pomponazzi, em 1516, em plena Renascença, ilustra a disseminada aversão ao filósofo: "Parece-me que [a opinião de Averróis] seja uma grande falsidade, na realidade ininteligível, monstruosa e absolutamente alheia a Aristóteles. Antes, julgo que tanta besteira não poderia jamais ser creditada a Aristóteles e, com maior razão, à verdade por ele cogitada" (*Tractatus de immortalitate animae*, cap. IV).

Ao referir-se a Averróis nos conhecidos versos da *Divina Comédia* "Averrois, che 'l gran comento feo" (Inferno IV, 144), Dante repete o tradicional retrato estereotipado, divulgado pela Escolástica cristã, ou seja, que o conjunto da obra do filósofo cordovês se reduz a meros comentários dos textos aristotélicos. Durante os séculos posteriores à morte de Averróis, o maior valor que lhe é reconhecido é a perspicaz interpretação dos difíceis textos de Aristóteles e, com isso, sua contribuição para depurar a filosofia árabe-islâmica de seus elementos neoplatônicos. De fato, Averróis reorientou o pensamento filosófico da Idade Média ao centrá-lo em Aristóteles, já que foi o único filósofo de língua árabe que não caiu no erro de considerar aristotélica a *Teologia*, que então circulava como obra autêntica do Estagirita, mas que, na realidade, é uma compilação de textos

3 Cf. Illuminati, A. Ibn Rušd: unità dell'intelletto e competenza comunicativa. In: Illuminati, A. (Org.). *Averroè e l'intelletto pubblico*. Antologia di scritti di Ibn Rušd sull'anima. Roma: Orme/Manifesto Libri, 1996, p. 9.

neoplatônicos. Criticada por Tomás de Aquino e pelo humanista Luis Vives, reduzida a simples comentários na visão medieval-renascentista, a filosofia de Averróis recebe a mesma avaliação ainda no século XIX, quando, após três séculos de esquecimento, Ernest Renan a redescobre e a compara à filosofia de Boécio (475-525), filósofo cristão do período de declínio do Império Romano: ambos, "com suas obras de caráter enciclopédico, discutem e comentam, mas chegam apenas a compensar o que lhes faltou em originalidade, pois já era muito tarde para criar"[4].

Ainda no século XIX, outro estudioso francês, Salomon Munk, assinala, com certa reserva e cautela, a intenção de Averróis em modificar alguns pontos aristotélicos, embora o filósofo de Córdova jamais tenha tido qualquer pretensão de criar um sistema filosófico próprio: "Ao pretender desembaraçar a verdadeira opinião de Aristóteles, Ibn Rushd, às vezes e sem querer, chegou a estabelecer doutrinas que lhe são próprias e que, possuindo um caráter particular, podem aspirar a uma certa originalidade. Mas é necessário usar de grande circunspeção para separar, nos comentários de Ibn Rushd, as suas doutrinas pessoais"[5].

Entre os modernos, permanece inexplicável o silêncio a respeito da filosofia de Averróis. Ignora-a Espinosa, seu sucessor legítimo[6], desprezam-na Leibniz e Hegel. Entre a Renascença e o século XIX, Averróis injustamente desaparece da História da filosofia, tal qual a imagem celebrada no conto de Borges. Sua importância, porém, vem sendo cada vez mais explicitada nos últimos anos, ao ser editada e traduzida grande parte de sua obra, dos poucos originais árabes remanescentes às versões hebraicas e latinas.

* * *

4 Renan, E. *Averroès et l'Averroïsme*. Paris, 2002, p. 21.

5 Munk, S. *Mélanges de philosophie juive et arabe*. (1859^1; 1927^2; 1955^3). Paris: J. Vrin, 1988, p. 441.

6 Cf. Illuminati, op. cit., p. 9.

Em 1852, Ernest Renan abriu o caminho para uma primeira sistematização científica da obra do pensador andaluz. Na primeira metade do século XX, foi seguido por Maurice Bouyges e pelo padre Manuel Alonso. Na década de 1970, Georges C. Anawati, ᶜAbdurraḥmān Badawi e Salvador Gómez Nogales completaram aquele intento. Na atualidade, vários estudiosos aperfeiçoaram o inventário das obras de Averróis a partir de manuscritos encontrados em coleções de bibliotecas[7].

Segundo seus biógrafos e historiadores, a obra de Averróis abrange 125 títulos, mas cinco deles são atribuídos a seu avô; dois, a seu filho; três, a outros autores; 21 títulos são repetidos e 11 não existem. Das 83 obras autênticas, restam 62, das quais, porém, apenas 54 estão completas[8].

Recentemente, um dos maiores conhecedores da obra de Averróis, o catalão Josep Puig Montada, informou que o manuscrito n. 884 da Biblioteca do Escorial (fols. 82v; 83r), no catálogo de Derenbourg, lista 76 obras de Averróis, confirmadas pelos autores de repertórios biobibliográficos, Ibn Abī Uṣaybiᶜa (m. 1270) e Al-Anṣārī (m. 1303). O primeiro acrescenta outros títulos que, se levados em conta, aumentam o legado de Averróis

7 Cf. Renan, op. cit.; Munk, op. cit.; Bouyges, M. Notes sur les philosophes arabes connus des latins au Moyen Âge. V: Inventaire des textes arabes d'Averroès. In: *Mélanges de l'Université Saint-Joseph* (Beirut), v. 8, n. 1, 1922, p. 3-54; Alonso Alonso, M. *Teología de Averroes: Estudios y Documentos.* Madrid/Granada: CSIC, 1947; Gómez Nogales, S. Bibliografia sobre las obras de Averroes. In: AA.VV. *Multiple Averroès: Actes du Colloque International organisé à l'occasion du 850e anniversaire de la naissance d'Averroès. 20-23 septembre 1976*, Paris: Les Belles Lettres, 1978, p. 351-387; Anawātī, G. *Mu'allafāt Ibn Rušd* (Bibliografia de Averróis). Argel: Organisation Arabe pour l'Éducation, la Culture et les Sciences, 1978. Sobre as referências bibliográficas das edições árabes, ver Puig, J. Introducción. In: Averroes. *Epítome de Física (Filosofía de la Naturaleza).* Madrid: CSIC/Instituto Hispano-Árabe de Cultura, 1987, v. II, p. 20-24; ver trad. Cruz Hernández, p. 46-54. Para um estudo abrangente, ver: Rosemann, P. Averroes: A Catalogue of Editions and Scholarly Writings from 1821 Onwards. *Bulletin de philosophie médiévale*, n. 30, 1988, p. 154-221; Druart, T.-A.; Marmura, M. (Orgs.). Medieval Islamic Philosophy and Theology: Bibliographical Guide (1986-1989). *Bulletin de philosophie médiévale*, n. 32, 1990, p. 106-111; o mais recente inventário de nosso conhecimento é o de Endress, G. Le projet d'Averroès: constitution, réception et édition du corpus des oeuvres d'Ibn Rušd. In: Endress, G.; Aertsen, J.A. (Org.). *Averroes and the Aristotelian Tradition.* Leiden/Boston: Köln/Brill, 1999, p. 339-381.

8 Cf. Ozcoidi, I.M. *La Concepción de la Filosofía en Averroes: Análisis crítico del Tahāfut al-Tahāfut.* Madrid: Editorial Trotta, 2001, p. 23, nota 5.

para 108 obras. Essa lista, no entanto, não está completa e, além disso, atribui a Averróis obras de seu avô, ao passo que a de Al-Anṣārī é mais exata e coincide com a do catálogo do Escorial. Documento antigo e fidedigno, a lista do Escorial parece ter sido feita por um neto de Averróis, Abū al-ᶜAbbās Yaḥia[9].

Ainda que não se possa estabelecer o número exato dos títulos compostos por Averróis, sua obra permanece imensa, estimada em 10 mil páginas, segundo o relato do historiador Ibn al-Abbār[10] (1199-1260), que acrescenta que o autor cordovês só deixou de estudar nas noites de seu casamento e da morte de seu pai.

9 Cf. Puig, J. El Proyecto Vital de Averroes: Explicar y Interpretar a Aristóteles. *Al-Qantara*, v. 23, n. 1, Madrid: CSIC, p. 11-15, 2002.

10 Abū ᶜAbdallāh Muḥammad ibn al-Abbār al-Quḍāᶜī compôs a primeira bibliografia detalhada de Averróis em sua obra *Takmila li-Kitāb al-Ṣila*. Sobre os biógrafos de Averróis, ver Puig, in: Averroes. *Epítome de Física* (*Filosofía de la Naturaleza*). Madrid: CSIC/Instituto Hispano-Árabe de Cultura, 1987, v. II, p. 11-13. Segundo Josep Puig, "está claro que Ibn al-Abbār, Ibn Abī Uṣaybiᶜa, Al-Marrākušī e Al-Anṣarī são as fontes nas quais bebem os demais biógrafos", cf. ibid., p. 13.

REFERÊNCIAS BIBLIOGRÁFICAS

Obras de Averróis Traduzidas para o Português

Comentário Médio Sobre a Ética Nicomaqueia, Livro VI. Tradução direta do latim de Anna Lia A. de Almeida Prado e Rosalie Helena de Souza Pereira. In: PEREIRA, Rosalie H. de S. *Averróis: A Arte de Governar. Uma Leitura Aristotelizante da* República. São Paulo: Perspectiva, 2012, p. 225-243.

Discurso Decisivo (*Faṣl al-Maqāl*). Edição bilíngue árabe-português. Tradução de Aida Rameza Hanania. São Paulo: Martins Fontes, 2005.

Discurso Decisivo Sobre a Harmonia Entre a Religião e a Filosofia (*Faṣl al-Maqāl*). Tradução (portuguesa) do árabe, introdução e notas de Catarina Belo. Lisboa: Imprensa Nacional; Casa da Moeda, 2006.

Exposição Sobre a Substância do Orbe (*De Substantia Orbis*). Edição do texto latino por Anna Lia A. de Almeida Prado; tradução direta do latim de Anna Lia A. de Almeida Prado e Rosalie Helena de Souza Pereira. Porto Alegre: EDIPUCRS, 2006.

Fontes

AL-FĀRĀBĪ. *On the Perfect State* (*Mabādi' ārā' ahl al-madīnat al-fāḍila*). (1985[1]). [Edição bilíngue árabe-inglês.] Revised text with introduction, translation, and commentary by Richard Walzer. Oxford: Oxford University Press, 1998[2].

_____. *Kitāb taḥṣīl al-sa'āda* (Livro da Obtenção da Felicidade). Introdução, comentário e explicação por Dr. ᶜAlī bu-Milhem. Beirut: Dār wa Maktabat al-Hilāl, 1995. Tradução (inglesa) de Muhsin Mahdi: *The Attainment of Happiness*. In: *Alfarabi: Philosophy of Plato and Aristotle*. (1962[1]). Translated with an introduction by Muhsin Mahdi. Revised edition: foreword by Charles E. Butterworth and Thomas L. Pangle.

Ithaca (NY): Cornell University Press, 2001[3]; tradução (francesa) de Olivier Sedeyn e Nassim Lévy: *De l'obtention du bonheur*. Paris: Allia, 2005.

ARISTOTE. *L'Éthique à Nicomaque*. Introduction, traduction et commentaire par René Antoine Gauthier, O.P.; Jean Yves Jolif, O.P. Louvain; Paris: Publications Universitaires de Louvain; Béatrice-Nauwelaerts. Tome I: Introduction et traduction (1958); Tome II (2 v.): commentaire (1959).

ARISTOTELE. *Etica Nicomachea*. (1999[1]). [Edição bilíngue greco-italiana.] Traduzione, introduzione e note di Carlo Natali. Roma/Bari: Editori Laterza, 2005. [O texto grego reproduzido corresponde ao da edição crítica de Apelt de 1912.]

ARISTÓTELES. *Ethica Nicomachea I 13; III 8: Tratado da Virtude Moral*. Tradução, notas e comentário de Marco Zingano. São Paulo: Odysseus/Fapesp, 2008.

AVERROÈ (IBN RUSHD). *Parafrasi della "Repubblica" nella traduzione latina di Elia del Medigo*. Edição de Annalisa Coviello e Paolo Edoardo Fornaciari. Firenze: Leo S. Olschki Editore, 1992. [Cit. como trad. Elia del Medigo.]

AVERROES. *Aristotelis Opera cum Averrois commentariis. Averrois Cordubensis paraphrasis in libros de Republica Platonis speculativos: et est secunda pars scientiae moralis*. Jacob Mantino Hebraeo Medico interprete. In: *Aristotelis omnia quae extant opera. Averrois Cordubensis in ea opera omnes, quid ad haec usque tempora pervenere commentarii*. Venetiis, apud Iunctas, 10 v., 1562-1574; reimpressão anastática Frankfurt: Minerva, 1962, 14 v., v. III, fols. 335H-372M. [Cit. como trad. Mantino.]

AVERROES. *Averroes' Commentary on Plato's "Republic"*. Edição da versão hebraica, introdução, tradução (inglesa) e notas de E.I.J. Rosenthal. Cambridge: Cambridge University Press, 1956, reprint with corrections 1966. [Cit. como trad. Rosenthal.]

AVERROES. *Averroes on Plato's "Republic"*. Tradução (inglesa) da versão hebraica, introdução e notas de Ralph Lerner. Ithaca/London: Cornell University Press, 1974. [Cit. como trad. Lerner.]

_____. *Exposición de la "República" de Platón*. (1986[1]). Tradução (espanhola) e estudo preliminar de Miguel Cruz Hernández. Madrid: Tecnos, 1990[2]. [Cit. como trad. Cruz Hernández.]

AVERROES. *The Book of the Decisive Treatise Determining the Connection between the Law and Wisdom*. [Edição bilíngue árabe-inglês.] Tradução, introdução e notas de Charles E. Butterworth. Provo (Utah): Brigham Young University Press, 2001.

AVERROES. *Epítome de Física* (Filosofia de la Naturaleza). Traducción y estudio por Josep Puig. Madrid: CSIC/Instituto Hispano-Árabe de Cultura, 1987.

AVERROÈS. *Discours décisif*. [Edição bilíngue árabe-francesa.] Tradução e notas de Marc Geoffroy. Introdução de Alain de Libera. Paris: Flammarion, 1996.

AVERRÓIS. *Discurso Decisivo*. Tradução (portuguesa) do árabe por Aida Rамezà Hanania. São Paulo: Martins Fontes, 2005.

AVERRÓIS. *Discurso Decisivo Sobre a Harmonia Entre a Religião e a Filosofia*. Tradução (portuguesa) do árabe, introdução e notas de Catarina Belo. Lisboa: Imprensa Nacional/Casa da Moeda, 2006.

IBN AL-NADĪM. *The Fihrist – A 10th Century AD Survey of Islamic Culture*. (1970[1]). Edited and translated by Bayard Dodge. New York: Columbia University Press, 1998[2].

PLATÃO. *Oeuvres complètes*. Tome VIII. Trad. nouvelle de E. Chambry. Paris: Librairie Garnier et Frères, 1950 (Classiques Garnier).

_____. *A República*. Tradução e notas de Anna Lia A. de Almeida Prado. Introdução de Roberto Bolzani Filho. São Paulo: Martins Fontes, 2006.

PLATONE. *La Repubblica*. Traduzione e commento a cura di Mario Vegetti. v. 6 (Libri VIII-IX). Napoli: Bibliopolis, 2005.

Estudos

AA.VV. *Multiple Averroès: Actes du Colloque International organisé à l'occasion du 850e anniversaire de la naissance d'Averroès. 20-23 septembre 1976*. Paris: Les Belles Lettres, 1978.

ALONSO ALONSO, Manuel. *Teología de Averroes: Estudios y Documentos*. Madrid/Granada: CSIC, 1947.

ANAWĀTĪ, Georges. *Mu'allafāt Ibn Rušd* (Bibliografia de Averróis). Argel: Organisation Arabe pour l'Éducation, la Culture et les Sciences, 1978.

AVEMPACE (IBN BĀJJAH). *El Régimen del Solitario (Tadbīr al-Mutawaḥḥid)*. Tradução, introdução e notas de Joaquín Lomba. Madrid: Trotta, 1997.

BADAWĪ, ᶜAbdurraḥmān. *Averroès (Ibn Rushd)*. Paris: J. Vrin, 1998.

______. *Histoire de la philosophie en Islam. v. II: Les philosophes purs*. Paris: J. Vrin, 1972. 2 v.

BELO, Catarina. Some Considerations on Averroes's Views Regarding Women and their Role in Society. *Journal of Islamic Studies*, Oxford University Press/Oxford Centre for Islamic Studies, n. 20, v. 1, 2009, p. 1-20.

BERMAN, L.V. Review of Rosenthal's Edition, Translation and Notes of *Averroes' Commentary on Plato's 'Republic'. Oriens. v. XXI-XXII (1968-1969)*. Leiden: Brill, 1971, p. 436-439.

BODÉÜS, Richard. *Aristote*. Paris: J. Vrin, 2002.

BOUYGES, Maurice. Notes sur les philosophes arabes connus des latins au Moyen Âge. V: Inventaire des textes arabes d'Averroès. In: *Mélanges de l'Université Saint-Joseph* (Beirut), v. 8, n. 1 1922, p. 3-54,.

BUTTERWORTH, Charles E. Averroes: Politics and Opinion. *American Political Science Review*, n. 66, 1972, p. 894-901.

______. Ethics and Classical Islamic Philosophy: A Study of Averroes' *Commentary on Plato's Republic*. In: HOVANNISIAN, Richard G. (Org.). *Ethics in Islam*. Ninth Giorgio Levi Della Vida Biennal Conference. Malibu (California): Undena Publication, 1985, p. 17-45.

______. Philosophy, Ethics and Virtuous Rule: A Study of Averroes' Commentary on Plato's "Republic". *Cairo Papers in Social Science*, Cairo: The American University in Cairo Press, v. 9, Monograph 1, Spring 1986.

______. The Political Teaching of Averroes. *Arabic Science and Philosophy*. Cambridge: Cambridge University Press, v. II, n. 2, p. 187-202, Sept. 1992.

______. Ethical and Political Philosophy. In: ADAMSON, Peter; TAYLOR, Richard (Orgs.). *The Cambridge Companion to Arabic Philosophy*. Cambridge: Cambridge University Press, 2005, p. 266-286.

______. Averróis e as Opiniões Comuns a Todas as Investigações Filosóficas ou o que Ninguém Pode Ignorar. In: PEREIRA, Rosalie H. de S. (Org.). *Busca do Conhecimento: Ensaios de Filosofia Medieval no Islã*. São Paulo: Paulus, 2007, p. 179-196.

CAMPANINI, Massimo. *Islam e politica*. Bologna: Il Mulino, 1999.

______. *Averroè*. Bologna: Il Mulino, 2007.

CARUSI, Paola. In: IBN ṬUFAYL. *Epistola di Ḥayy ibn Yaqẓān*. Introdução, tradução e notas de Paola Carusi. Milano: Rusconi, 1983.

CRUZ HERNÁNDEZ, Miguel. *Abū-l-walīd Muhammad ibn Rušd (Averroes): Vida, Obra, Pensamiento, Influencia.* (1986[1]). Córdoba: CajaSur, 1997[2].

_____. La Crítica de Averroes al Despotismo Oligárquico Andalusí. In: MARTÍNEZ LORCA, Andrés (Org.). *Al Encuentro de Averroes.* Madrid: Editorial Trotta, 1993, p. 105-118.

DE LIBERA, Alain. Préface. In: RENAN, Ernest. *Averroès et l'averroïsme.* (1852[1]). Paris: Maisonneuve & Larose, 2002, p. 11-12.

DRUART, Thérèse-Anne; MARMURA, Michael (Orgs.). Medieval Islamic Philosophy and Theology: Bibliographical Guide (1986-1989). *Bulletin de philosophie médiévale,* n. 32, 1990, p. 106-111.

ENDRESS, Gerhard. Le projet d'Averroès: constitution, réception et édition du corpus des oeuvres d'Ibn Rušd. In: ENDRESS, G.; AERTSEN, Jan A. (Orgs.). *Averroes and the Aristotelian Tradition.* Leiden/Boston: Köln/Brill, 1999.

ENDRESS, G.; AERTSEN, Jan A. (Org.). *Averroes and the Aristotelian Tradition.* Leiden/Boston/Köln:Brill, 1999.

FAKHRY, Majid. *Averroes (Ibn Rušd): His Life, Works and Influence.* Oxford: Oneworld Publications, 2001.

GEOFFROY, Marc. Ibn Tūmart et l'idéologie almohade. In: AVERROÈS (IBN RUŠD). *Discours Décisif.* [Edição bilíngue árabe-francesa.] Tradução (francesa) e notas de Marc Geoffroy. Introdução de Alain de Libera. Paris: Flammarion, 1996, p. 87-96; tradução portuguesa: Ibn Tūmart e a ideologia almôada. In: AVERRÓIS (IBN RUŠD). *Discurso Decisivo.* [Edição bilíngue árabe-portuguesa.] Tradução (portuguesa) do árabe por Aida Rамezà Hanania. São Paulo: Martins Fontes, 2005, p. LXXXIX-XCVIII.

GEFFEN, David. Insights into the Life and Thought of Elijah Medigo Based on His Published and Unpublished Works. *Proceedings of the American Academy for Jewish Research,* v. 41, 1973-1974, p. 69-86.

GILSON, Etienne. *Pourquoi Saint Thomas a critiqué Saint Augustin.* Paris: Vrin/Reprise, 1986.

GUERRERO, Rafael Ramón. *Averroes: Sobre Filosofía y Religión.* Pamplona: Servicio de Publicaciones de la Universidad de Navarra, 1998.

GUTAS, Dimitri. *Greek Thought, Arabic Culture: The Graeco-Arabic Translation Movement in Baghdad and Early 'Abbāsid Society (2nd-4th/8th-10th centuries).* London: Routledge, 1998[1]; reprint 1999.

HOURAKIS, A. *Aristote et l'éducation.* Paris: PUF, 1998.

ILLUMINATI, Augusto. Ibn Rušd: unità dell'intelletto e competenza comunicativa. In: ILLUMINATI, Augusto (Org.). *Averroè e l'intelletto pubblico.* Antologia di scritti di Ibn Rušd sull'anima. Roma: Orme/Manifesto Libri, 1996.

KENNEDY, Hugh. *Os Muçulmanos na Península Ibérica: História Política do al-Andalus.* Portugal: Europa-América, 1999.

LEAMAN, Oliver. *Averroes and His Philosophy.* (1988[1]). Revised edition. Great Britain: Curzon, 1998.

LERNER, Ralph; MAHDI, Muhsin (Orgs.). *Medieval Political Philosophy: A Sourcebook.* (1963[1]). Ithaca: Cornell University Press/Agora Paper, 1972.

LEROUX, Georges. In: PLATON. *La République.* Tradução, apresentação e notas de Georges Leroux. Paris: Flammarion, 2004.

LOMBA FUENTES, Joaquín. Avempace (Ibn Bājjah), primeiro comentador de Aristóteles no Ocidente. In: PEREIRA, R.H. de S. (Org.). *O Islã Clássico: Itinerários de uma Cultura.* São Paulo: Perspectiva, 2007.

MAHDI, Muhsin. Remarks on Averroes' *Decisif Treatise*. In: MARMURA, Michael (Org.). *Islamic Theology and Philosophy: Studies in honor of George F. Hourani*. New York: State University Press, 1984, p. 188-202.

MARTÍNEZ LORCA, Andrés (Org.). *Al Encuentro de Averroes*. Madrid: Editorial Trotta, 1993.

MORATA, N. Un Catálogo de los Fondos Árabes Primitivos de el Escorial. *Al-Andalus*, t. II, 1934.

MUNK, S. *Mélanges de philosophie juive et arabe*. (1859[1]; 1927[2]; 1955[3]). Paris: J. Vrin, 1988.

NASCIMENTO, Carlos Arthur R. O Comentário de Tomás de Aquino à *Política* de Aristóteles e os Inícios do Uso do Termo "Estado" para Designar a Forma do Poder Político. *Anais do V Encontro da ANPOF*, Diamantina (MG), 1994, p. 134-142.

OZCOIDI, Idoia Maiza. *La Concepción de la Filosofía en Averroes: Análisis Crítico del Tahāfut al-Tahāfut*. Madrid: Trotta, 2001.

PEREIRA, Rosalie Helena de Souza. *Averróis: A Arte de Governar. Uma Leitura Aristotelizante da* República. São Paulo: Perspectiva, 2012.

_____. Platão, Al-Fārābī e Averróis: As Qualidades Essenciais ao Governante. *Trans/Form/Ação*, v. 34, n. 1, 2011, p. 1-20.

PÉREZ RUIZ, F. Averroes y la "República" de Platón. *Pensamiento*, v. 50, n. 196, 1994.

PINES, Shlomo. Aristotle's *Politics* in Arabic Philosophy. In: PINES, Shlomo. *Studies in Arabic Versions of Greek Texts and in Medieval Science: The Collected Works of Shlomo Pines*. (1986[1]). v. II. Jerusalem: The Magnes Press/The Hebrew University, 2000[2], p. 146-156; reprint in: STROUMSA, Sarah (Org.). *Studies in the History of Arabic Philosophy: The Collected Works of Shlomo Pines*. v. III. Jerusalem: The Magnes Press/The Hebrew University, 1996, p. 251-261.

PUIG, Josep. Introducción. In: AVERROES. *Epítome de Física* (*Filosofía de la Naturaleza*). Traducción y estudio por Josep Puig. Madrid: CSIC/Instituto Hispano-Árabe de Cultura, 1987. 2 v.

_____. El Pensamiento de Averroes en su Contexto Personal y Social. *Miscelanea de Estudios Arabes y Hebraicos*, XXXVIII, 1, 1989-1990, p. 307-324.

_____. *Averroes, Juez, Médico y Filósofo Andalusí*. Sevilha: Junta de Andalucia, 1998.

_____. El Proyecto Vital de Averroes: Explicar y Interpretar a Aristóteles. *Al-Qantara*, v. 23, n. 1, Madrid: CSIC, 2002, p. 11-52.

_____. Averróis (Ibn Rušd). In: PEREIRA, Rosalie H. de S. (Org.). *O Islã Clássico: Itinerários de uma Cultura*. São Paulo: Perspectiva, 2007, p. 455-513.

RENAN, Ernest. *Averroès et l'averroïsme*. (1852[1]; 1866[3]). Préface de Alain de Libera. Paris: Maisonneuve & Larose, 2002.

ROSEMANN, Philipp. Averroes: A Catalogue of Editions and Scholarly Writings from 1821 Onwards. *Bulletin de philosophie médiévale*, n. 30, 1988, p. 154-221.

ROSENTHAL, Erwin I.J. *Political Thought in Medieval Islam: An Introductory Outline*. (1958[1]). Westport (Conn.): Greenwood, 1985.

_____. The Place of Politics in the Philosophy of Ibn Rushd. *Bulletin of School of Oriental and African Studies* (BSOAS), v. XV, n. 2, 1953; reprint in: ROSENTHAL, E.I.J. *Studia Semitica. v. II: Islamic Themes*. Cambridge: Cambridge University Press, 1971.

ROSENTHAL, Franz. On the Knowledge of Plato's Philosophy in the Islamic World. *Islamic Culture*, n. 14, 1940. Reprint in: ROSENTHAL, Franz. *Greek Philosophy in the Arab World*. Great Britain/USA: Variorum, 1990.

TEICHER, J.-L. Resenha da Edição de Rosenthal. *Journal of Semitic Studies*, n. V, 1960, p. 176-195.

URVOY, Dominique. *Ibn Rushd (Averroès)*. Paris: Cariscript, 1996.

_____. *Averroès: Les ambitions d'un intellectuel musulman*. Paris: Flammarion, 1998.

VAN DEN BERGH, Simon. Review: E.I.J. Rosenthal. Averroes' Commentary on Plato's "Republic". *Bulletin of the School of Oriental and African Studies* (BSOAS), v. XXI, 1958, p. 409-410.

VERZA, Tadeu Mazzola. Sobre a Pré-Eternidade do Mundo no *Tahāfut al-Tahāfut* de Averróis. Discussão I, Primeira Prova. In: PEREIRA, Rosalie H. de S. (Org.). *Busca do Conhecimento: Ensaios de Filosofia Medieval no Islã*. São Paulo: Paulus, 2007.

_____. Kalām: A Escolástica Islâmica. In: PEREIRA, Rosalie H. de S. (Org.). *O Islã Clássico: Itinerários de uma Cultura*. São Paulo: Perspectiva, 2007.

Este livro foi impresso em São Paulo,
nas oficinas da MarkPress Brasil, em janeiro de 2015.
para a Editora Perspectiva.